陪孩子读《山海经》 异人篇

徐客／著

江苏凤凰美术出版社

流观山海图
俯仰终宇宙

目录

异人篇

长乘 · 002
豹尾山神

西王母 · 004
长着虎牙的王母娘娘

少昊 · 006
西方天帝

蓐收 · 008
人面虎爪日落神

武罗 · 012
人面豹纹山神

泰逢 · 016
虎尾吉神

夸父 · 018
力气很大的巨人

后稷 · 021
农业始祖

仓颉 · 024
造字史官

骄虫 · 026
两个脑袋的山神

蠱围 · 030
羊角虎爪神

计蒙 · 034
龙头人身神

涉蠱 · 036
方脸三脚山神

于儿 · 038
能操控蛇的山神

帝之二女 · 042
爱玩的女神

结胸国人 · 046
胸脯凸起的人

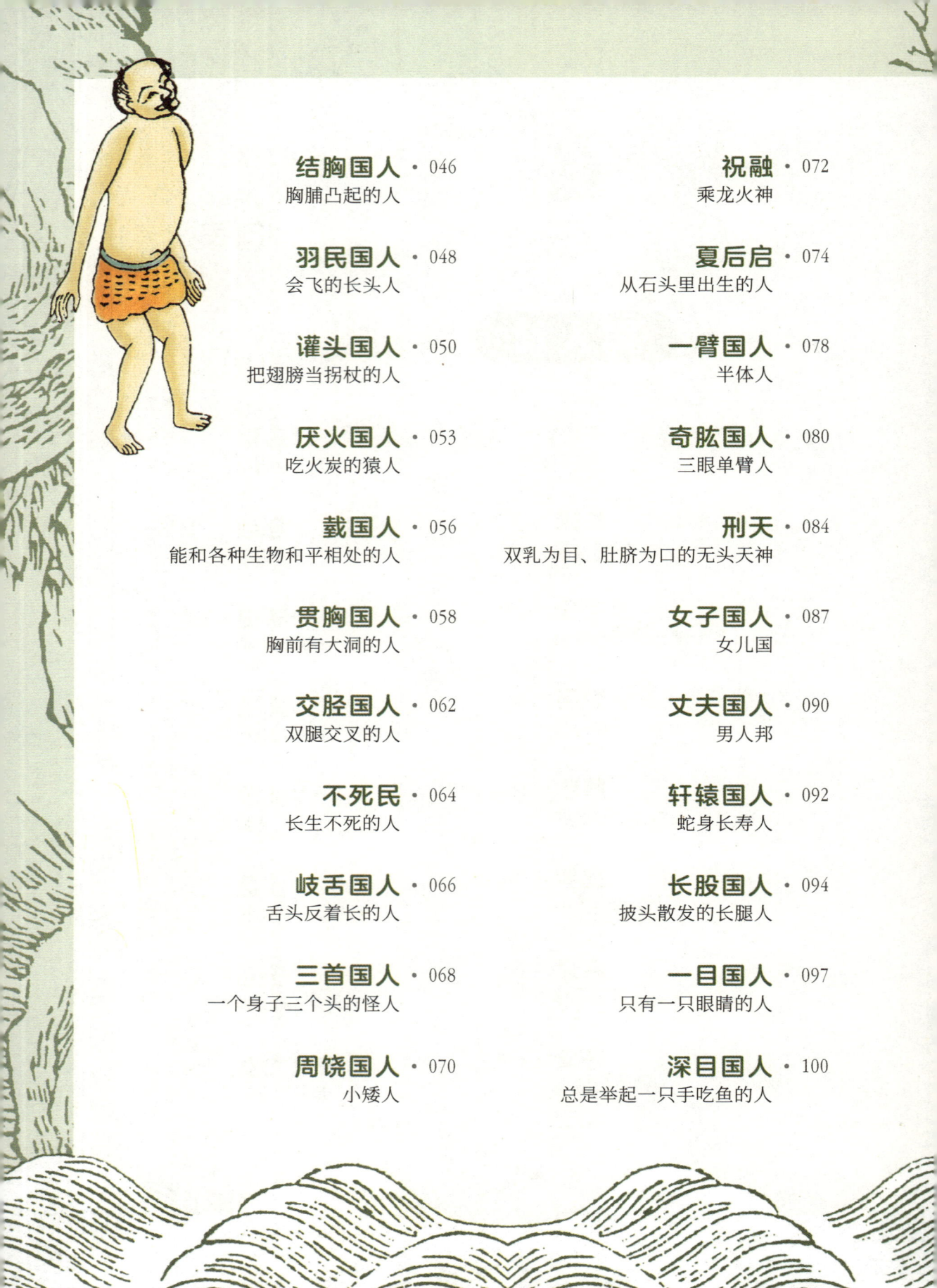

羽民国人 · 048
会飞的长头人

谨头国人 · 050
把翅膀当拐杖的人

厌火国人 · 053
吃火炭的猿人

讙国人 · 056
能和各种生物和平相处的人

贯胸国人 · 058
胸前有大洞的人

交胫国人 · 062
双腿交叉的人

不死民 · 064
长生不死的人

岐舌国人 · 066
舌头反着长的人

三首国人 · 068
一个身子三个头的怪人

周饶国人 · 070
小矮人

祝融 · 072
乘龙火神

夏后启 · 074
从石头里出生的人

一臂国人 · 078
半体人

奇肱国人 · 080
三眼单臂人

刑天 · 084
双乳为目、肚脐为口的无头天神

女子国人 · 087
女儿国

丈夫国人 · 090
男人邦

轩辕国人 · 092
蛇身长寿人

长股国人 · 094
披头散发的长腿人

一目国人 · 097
只有一只眼睛的人

深目国人 · 100
总是举起一只手吃鱼的人

聂耳国人 · 102		**贰负臣危** · 128	
能驱使老虎的人		喜欢杀戮的人面蛇身神	
跂踵国人 · 104		**离朱** · 132	
走路脚跟不着地的人		三头人	
蚕神 · 106		**犬封国人** · 134	
会吐丝的女神		像狗一样的人	
禺䝞 · 110		**戎国人** · 138	
身上挂着青蛇的人面鸟身神		头上有三只角的奇人	
大人国人 · 113		**冰夷神** · 140	
头发像雪的巨人		人脸鱼身的河伯	
黑齿国人 · 116		**王子夜尸** · 144	
牙齿漆黑的人		全身散落各地的尸体	
雨师妾国 · 118		**列姑射山神仙** · 146	
身上挂蛇的黑人		肌肤雪白的神仙	
毛民国人 · 120		**大人国人** · 148	
像熊一样的黑毛人		长得十分高大的人	
劳民国人 · 122		**小人国人** · 150	
长寿黑人		小矮人	
枭阳国人 · 124		**折丹** · 152	
嘴唇能遮住额头的黑毛人		主管春风的神	
氐人国人 · 126		**王亥** · 154	
美人鱼		畜牧之神	

后羿 · 157		相顾之尸 · 182	
射下太阳的英雄		戴着刑具的尸体	
三身国人 · 160		钉灵国人 · 184	
有三个身子的人		马蹄人	
不廷胡余 · 164		女魃 · 186	
吃黄米的于姓人		旱精	
蜮民国人 · 166		女娲之肠 · 190	
经常射杀毒物的人		肠子化生的十个神人	
祖状尸 · 168		太子长琴 · 192	
长着虎尾的天神尸体		最古老的音乐家	
骧头国人 · 170		十巫 · 194	
长着翅膀却不会飞的人		既是巫师也是医师	
羲和 · 172		嘘 · 196	
太阳之母		掌管日月星辰次序的神人	
菌人 · 174		常羲 · 198	
穿红衣戴圆帽的小矮人		月亮的妈妈	
盐长国人 · 176		寿麻国人 · 200	
长着鸟头的人		无影人	
赣巨人 · 178		夏耕尸 · 202	
身上长毛的黑人		无头尸体	
黑人 · 180		三面一臂人 · 204	
虎头人		只有一条胳膊的不死人	

异人篇

长乘 cháng chéng

豹尾山神

明代蒋应镐图本

《西山经》

西水行四百里,曰流沙,二百里至于蠃(luǒ)母之山。
神长乘司之,是天之九德也。其神状如人而犳(zhuō)尾。

形态 外形像人,长着豹尾
职能 降凶吉
住址 蠃母山

天神长乘主管着嬴母山,他是由上天的九德之气化生而来,外形像人,背后却长着一条豹的尾巴。

大禹到洮(táo)水治水时,长乘代表天帝把黑玉书交给了他。之所以是人状豹尾的形象,是因为古人多穿豹皮,兽尾拖地。长乘为此地部落首领,死后被尊为山神。传说他是降凶吉的山神。

清代汪绂图本

清代《神异典》

西王母

xī wáng mǔ

长着虎牙的王母娘娘

明代蒋应镐图本

《西山经》

又西北三百五十里，曰玉山，是西王母所居也。
西王母其状如人，豹尾虎齿而善啸，蓬发戴胜，是司天之厉及五残。

《大荒西经》

有人戴胜，虎齿，有豹尾，穴处，名曰西王母。

形态 形貌与人很像，却长着豹尾和虎牙，蓬松的头发上戴着玉胜
爱好 喜好呼啸
职能 掌管灾厉和刑杀
住址 玉山

扫码听故事

清代任薰 《华贵的王母》

嬴母山再往西三百五十里是玉山，这是西王母居住的地方。西王母的样貌与人很像，却长着豹尾和虎牙，蓬松的头发上戴着玉胜，相貌十分怪异。

西王母喜欢呼啸，是掌管灾害和刑杀的天神。

《西游记》中王母娘娘的蟠桃十分珍贵，蟠桃园前面一千二百株蟠桃树三千年一成熟，人吃了就能得道成仙；中间的六千年一成熟，人吃了可以长生不老；后面的九千年一成熟，人吃了可以与天地齐寿。王母娘娘举办蟠桃会，邀请了各路神仙，而自称"齐天大圣"的悟空却没在受邀之列。他一怒之下竟然骗了赤脚大仙，变成他的模样去蟠桃会上大吃大喝，还跑到太上老君的兜率宫，把丹药也都吃了。玉皇大帝派天兵天将捉拿妖猴，却屡屡失败，最后还是如来出山，使了个计谋，把悟空压在了五行山下。

还有一个故事。传说周穆王西游时，走到玉山，曾受到西王母的热烈欢迎和盛情款待。穆王心存感激，向西王母行了大礼。当晚，西王母在瑶池为这位东方的天子作歌，祝福他长寿，并希望他下次再来。穆王也即席对歌，承诺最多三五年就来看望故人。

> 西王母又称王母娘娘，是中国神话中的重要人物。西王母的名字最早出现在《山海经》中，是半人半兽的形象。据说，西王母是由混沌道气中的西华至妙之气集结成形的。有人认为，她可能是母系氏族时期原始部落的女首领，是部族的权威，是天地鬼神的代言人，负责主持祭祀。后世中，西王母的形象逐渐演变为美貌华贵的女神，且拥有至高权力。

少昊 shào hào

西方天帝

清代汪绂图本

《西山经》

又西二百里，曰长留之山，其神白帝少昊居之。其兽皆文尾，其鸟皆文首。是多文玉石。

《大荒东经》

东海之外大壑，少昊之国。少昊孺帝颛顼于此，弃其琴瑟。

今名 白帝少昊
职能 管理百鸟
住址 长留山

积石山再往西二百里是长留山，天神白帝少昊居住在这里。少昊是西方的天帝，金天氏，名挚。他曾在东海之外的大壑，即五神山之一的归墟，建立了一个国家，名叫少昊之国。少昊之国是一个鸟的王国，它的百官由百鸟担任，而少昊就是百鸟之王。后来，他做了西方天帝，和他的儿子金神蓐收共同管理西方一万两千里的地方。

少昊的母亲是皇娥，她在天上织布，劳累的时候，常常到西海之滨的一棵大桑树下休憩。皇娥遇启明星（金星）而生少昊，所以少昊又被称为"穷桑氏"。少昊诞生的时候，天空有五只凤凰，颜色各异，是按五方的颜色红、黄、青、白、玄而生成的。凤凰落到少昊氏的院里，因此他又被称为"凤鸟氏"。

少昊也是华夏共祖之一。据记载，少昊开始以玄鸟（即燕子）作为本部族的图腾。后来，他成为大联盟首领时，天上有凤鸟飞来，于是他又把凤鸟当成族神，崇拜凤鸟图腾。不久，少昊迁都到曲阜，所管辖的部族都以鸟为名，有鸿鸟氏、凤鸟氏、玄鸟氏、青鸟氏，共有二十四个氏族，形成了一个庞大的、以凤鸟为图腾的完整的氏族部落社会。

> 少昊任命鸟儿为文武百官，并根据不同鸟类的特点来进行分工：凤凰总管百鸟，燕子掌管春天，伯劳掌管夏天，鹦雀掌管秋天，锦鸡掌管冬天。除此之外，他又派了五种鸟来管理日常事务。孝顺的鹁鸪掌管教育，凶猛的鹫鸟掌管军事，公平的布谷鸟掌管建筑，威严的雄鹰掌管法律，善辩的斑鸠掌管言论。

蓐收
rù shōu

人面虎爪日落神

明代蒋应镐图本

《西山经》

又西二百九十里，曰泑（yōu）山，神蓐收居之。其上多婴短之玉，其阳多瑾、瑜之玉，其阴多青、雄黄。是山也，西望日之所入，其气员，神红光之所司也。

《海外西经》

西方蓐收，左耳有蛇，乘两龙。

又名 红光
形态 右耳有蛇，人脸、虎爪、白尾
技能 掌管太阳落山和天上的刑狱
住址 泑山

扫码听故事

清代萧云从《离骚图·远游》

　　天山再往西二百九十里是泑山，天神蓐收居住在这里。蓐收右耳有蛇，长着人脸和虎爪，后面还拖着一条白色的尾巴。他手上拿着斧钺（yuè），威风凛凛。

　　蓐收是西方天帝少昊的儿子，是西方的刑神、金神，掌管天上的刑狱。蓐收和他的父亲少昊又是掌管太阳落山的神。蓐收又名红光,指的是日出日落时,阳光在天空中遇到不同的云层,呈现不同的颜色和光彩。站在泑山上,向西可以看见太阳落山的情景,红日浑圆,气象万千。天神红光(蓐收)掌管着太阳落山时的景象。

虢(guó)公住在宗庙里的时候做了一个梦,他梦到了一个神,长着人脸,白毛、虎爪,手里拿着大斧,站在西边的屋角。虢公吓得要逃跑。神说:"不要走!天帝有命令,让晋国来袭击你的国家。"虢公跪在地上叩头。醒了之后,他召史嚣来解梦。史嚣说:"这个神是蓐收,是天上的刑神。天上的事由神来执行。"虢公认为史嚣说了不吉利的话,就把他囚禁了起来,还让国人庆贺他做了个好梦。过了六年,晋国果真灭了虢国。

据《淮南子·天文训》中说,蓐收分管的主要是秋收冬藏的事,所以西岳庙望河楼前有"蓐收之府"的牌坊。

明代胡文焕图本

清代萧云从《天问图》

010　陪孩子读《山海经》·异人篇

明代蒋应镐图本

武 罗
wǔ luó
人面豹纹山神

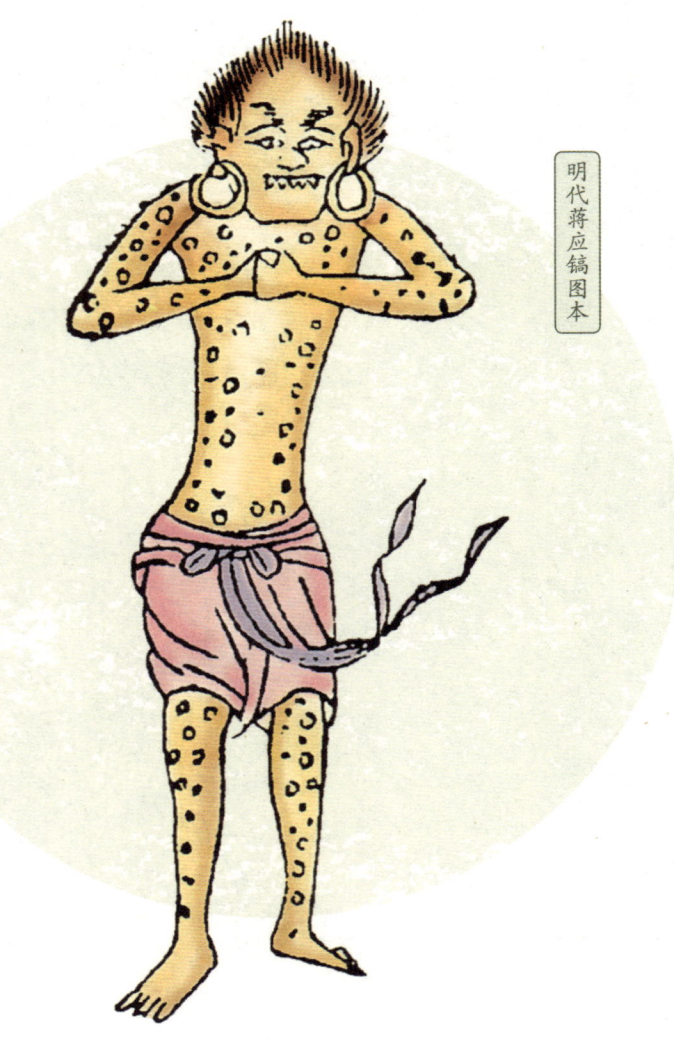

明代蒋应镐图本

《中山经》

又东十里，曰青要之山。

实维帝之密都。北望河曲，是多驾鸟。

南望墠（tǎn）渚，禹父之所化，是多仆累、薄卢。

武罗司之，其状人面而豹文，小要而白齿，而穿耳以鐻，其鸣如鸣玉。

外貌　人脸，豹纹，腰很细，牙齿很白，耳朵上挂着金银环
叫声　像玉石碰撞的声音
住址　青要山

清代《神异典》

敖岸山再往东十里，是青要山。这座山实际上是天帝的密都。这里非常适合生活，山神武罗掌管着这里。她有着一张人的面孔，却浑身长着豹子一样的斑纹，腰身细小，牙齿洁白，耳朵上还穿挂着金银环。她叫起来的声音就像是玉石在碰撞，十分动听。

据传，黄帝杀死蚩尤以后，蚩尤的残兵退到青要山，想靠这座山的险峻地势来抗争。后来，武罗仙子帮助黄帝收服了蚩尤余部，于是被封为青要山山神。

> 青要山上有一座青女峰，它十分险峻，很难攀登。在青女峰峰顶有一个石柱，远远望去就像一个少女。据说，这就是武罗仙子化成的。

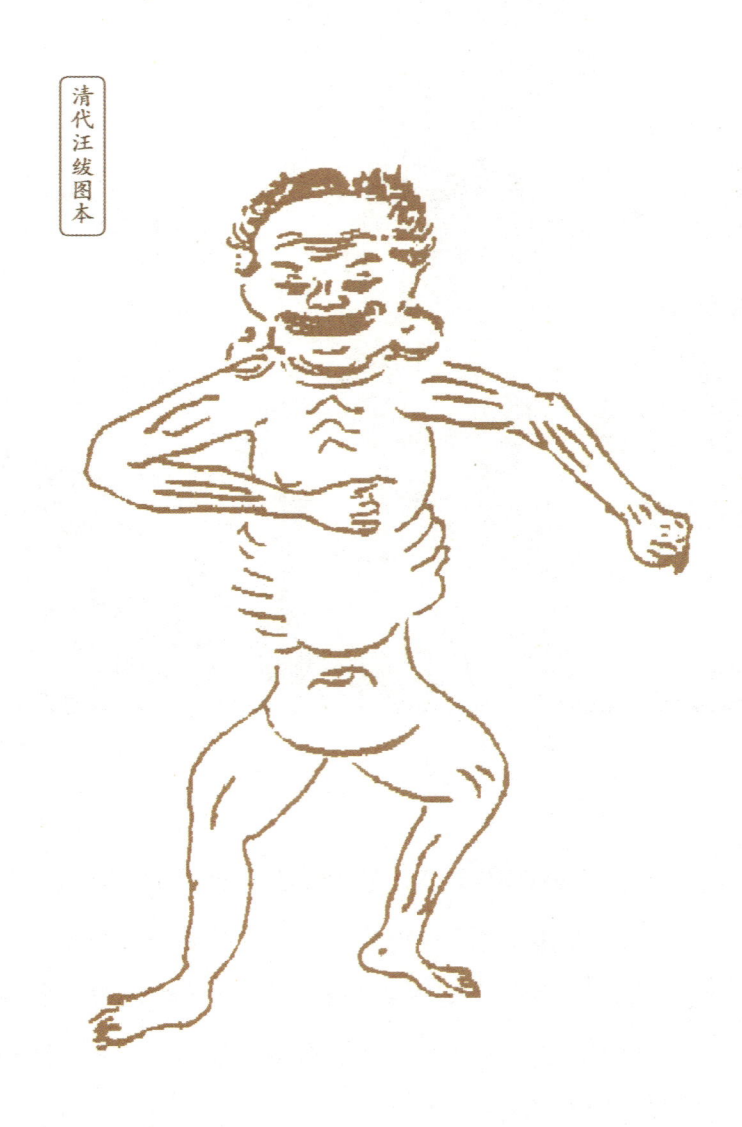

清代汪绂图本

清代萧云从《离骚图·九歌》

泰逢 tài féng

虎尾吉神

明代蒋应镐图本

《中山经》

又东二十里，曰和山，其上无草木而多瑶、碧，实唯河之九都。是山也，五曲，九水出焉，合而北流注于河，其中多苍玉。吉神泰逢司之，其状如人而虎尾，是好居于萯（fù）山之阳，出入有光。泰逢神动天地气也。

外貌 看起来像人，长着一条虎尾
技能 能感天动地、兴风布雨；每次出入和山，都会发出神奇的光
住址 萯山

扫码听故事

吉神泰逢主管着和山，他的样子像人，但身后却长着一条老虎一样的尾巴。泰逢喜欢住在苃山向阳的南坡，他每次出入和山的时候，都会发出神奇的光。泰逢有改变天地之气的法力，能感天动地、兴风布雨。

春秋时期，晋平公和师旷一起坐着车子到浍（huì）水去，忽然看见有人坐着八匹马拉的车子跑过来，到了跟前，那人便跳下自己的车子，跟在晋平公的车子后面。晋平公往车后一看，觉得这个长着狐狸身子、老虎尾巴的人是个妖怪，心里有点害怕，便问师旷这是什么怪物。师旷看了一眼说："我看这人的样子，恐怕是首阳山的山神泰逢吧！现在你在浍水碰见了他，恭喜恭喜，你快要有喜事临门了。"果然，晋平公接连遇到几件大喜事，他的军队连连打胜仗，疆土不断扩大。大臣们都说这是吉神泰逢给大王带来的运气。

> 遇到过泰逢的还有夏朝的昏君孔甲，他在打猎时，泰逢运用法力刮起一阵狂风，使孔甲迷了路。

清代吴任臣乾隆图本

夸父

kuā fù

力气很大的巨人

明代蒋应镐图本

《海外北经》

夸父与日逐走，入日。
渴欲得饮，饮于河渭，河渭不足，北饮大泽。未至，道渴而死。弃其杖，化为邓林。

《大荒北经》

大荒之中，有山名曰成都载天。有人珥两黄蛇，把两黄蛇，名曰夸父。
后土生信，信生夸父。夸父不量力，欲追日景，逮之于禺谷。
将饮河而不足也，将走大泽，未至，死于此。

形态　夸父长得很高大，耳朵上挂着两条黄蛇，手里也有两条，
　　　　长相十分恐怖
性情　平和、善良
技能　力气很大
住址　成都载天

扫码听故事

远古时期，有一个叫夸父的部族，他们生活在北方大荒中一座叫作"成都载天"的高山上。这个部族中的人都是非常高大的巨人，而且力气很大。他们的耳朵上挂着两条黄蛇，手里也把玩着两条黄蛇，模样十分恐怖。实际上，他们是性情平和、善良的人。

一个执着又傻气的夸父族人，十分讨厌黑夜，想要追逐光明。有一天，他看到原野上渐渐西斜的太阳，产生了一个奇怪的念头。他想道：太阳就要落山了，黑夜就要来了，我不喜欢黑夜，我要去追赶太阳，只要能捉住它，就能永远得到光明了。于是他便拔起长腿，迈开大步，去追赶太阳了。

夸父的腿很长，他在原野上飞奔，快得像一阵风，瞬间就跨越了千万里。他一直追赶着太阳，直到禺谷（太阳休息的地方）。夸父看到一团巨大的红色火球出现在他面前，他终于追上了光明。

他兴高采烈地举起手来，想把太阳抱在怀里。但他已经耗费了大量的体力，突然觉得又累又渴，于是不得不暂时放下已经追上的太阳，弯下身子去喝水。谁知，黄河、渭河的水被他一口气喝干了，但他还是觉得口渴难忍，于是他又向北方跑去，想喝大泽里的水。大泽又叫"瀚海"，在雁门山的北边，方圆千里，水势浩瀚。这倒是一处很好的水源，完全可以解除夸父的口渴。

可惜夸父还没有到达目的地，就在中途渴死了。他颓然地像一座山似的倒了下来，引起了巨大的声响，大地都在抖动。逐渐落下的太阳把最后几缕余晖照在夸父的脸上，夸父感到无比遗憾，长叹一口气后，把手中拄着的拐杖用力向北一抛，闭上眼睛，永远长眠了。

夸父死后，他的身体就变成了巍峨高大的夸父山；而他扔出去的拐杖，则变成了一片树叶繁茂、果实累累的桃林。他把这种果子留给后来追求光明的人们，解除他们的口渴，让他们振奋精神，继续前进。

> 夸父逐日的故事后来发展为成语典故，用来比喻人有大志，也比喻不自量力。

后稷
hòu jì
农业始祖

清代孙家鼐等编《钦定书经图说》插图

《中山经》
又东五百里，曰朝歌之山。谷多美垩（è）。又东五百里，曰槐山。谷多金锡。

《大荒西经》
帝俊生后稷，稷降以百谷。

又名 弃
技能 善于种植

扫码听故事

朝歌山再往东五百里是槐山，也就是稷山，后稷就是在这座山上教百姓种植庄稼的，山上还有稷祠。后稷，名字叫弃，他的母亲姜嫄（yuán）是帝喾（kù）的元妃。后稷善于耕耘种植，并将这些技艺传授给老百姓，帝尧便封他为农师。

农业始祖后稷的出生很不平凡，关于此事还有一个美丽的故事。相传，帝喾打败共工后去西北视察，有一天，帝喾带着妻子姜嫄到了泰山一带，他们远远看见东南角有座山，山上有许多树林，林中好像有一所房屋，非常高大。帝喾很好奇，就去问当地百姓，原来那是一个叫閟（bì）宫的女娲娘娘庙。据说，没有儿子的人，只要诚心向女娲娘娘祈祷，很快就会有儿子，非常灵验。

姜嫄斋戒了三日，并挑了一只毛色纯黑的牛作为祭品，就往閟宫去了。刚到庙门，姜嫄看到一只巨大的脚印，她竟然不知不觉地踏上去了，之后她就像触电了一般，差一点儿倒在地上。

当天晚上，姜嫄做了一个梦，她梦见一个非常高大的人告诉她："我是天上的苍神，閟宫前面的大脚印是我踏的，你踏上了我的脚印，我奉女娲娘娘的命令，和你做了夫妻，现在你已经有孕在身。"

十月怀胎后，姜嫄顺利分娩，谁知生下的是一个圆圆的肉球。姜嫄害怕极了，她以为这个肉球是不祥之物，就派人暗地里把它扔了。肉球被扔在路上，过路的牛羊都小心谨慎地绕着道儿走，生怕踩伤了它。姜嫄听了以后，半信半疑地说："既然这样，那就把它扔远点，抛到山林里去吧。"那个人接到命令再次出发，但是过了不久，他又捧着肉球回来了："这次我把它丢在树林里，不知道从哪来了许多砍树的人，他们把它捡起来又还给了我。"无奈之下，姜嫄狠了狠心说："那就把它丢到池子里去吧。"

当时，池子里已经结冰，这个人把肉球扔进去以后，忽然出现一只大鸟，从天边飞过来，绕着寒冰上的肉球回旋悲鸣。最后，大鸟落在肉球旁边，用一只翅膀垫在肉球下面，另一只翅膀盖在肉球上面，像母亲怀抱孩子一般。这人看了，觉得特别惊奇，就踏着冰层想到池子中心去看个究竟。大鸟见有人过来，怪叫了一声，丢开肉球，就飞走了。这鸟刚刚飞走，就听见呱呱的孩子哭声从肉球里传来。这人走近前去一看，肉球已经像蛋壳一样裂开，出来了一个结实可爱的小婴儿，他浑身冻得通红，正躺在裂开的肉球里哭呢。这个人又惊讶、又欢喜，急忙把小婴儿抱起来，用衣裳包裹着，小心翼翼地带回去，给他的母亲姜嫄。姜嫄抱着这个曾经被丢弃的小婴儿，喜出望外。她回想着之前的种种神奇的经历，相信这个孩子长大以后一定会有一番作为，于是尽心竭力地养育他，使他长大成人。

仓颉 cāng jié
造字史官

《历代古人像赞》明弘治十一年刊本

《中山经》

又东二十里,曰阳虚之山。多金,临于玄扈(hù)之水。

外貌　长着双瞳四目
技能　创造文字

升山再往东二十里是阳虚山，山脚下是玄扈水。传说仓颉造字时，就曾到阳虚山、玄扈水、洛水湖边漫步。河中的灵龟把丹甲青文的天书传给他，仓颉以此为基础，创制了文字。

仓颉是黄帝的史官，他长着双瞳四目，非常聪明，因此他才能从鸟迹龟纹中领悟到造字的方法。他创造的字大多是模仿大自然中山川日月的形状，这很可能就是象形文字最早的起源。

仓颉造字之后，在阳虚山的石室内刻了二十八个字。虽然经过多年寒暑，物换星移，但是仍能看清这些字迹。由于历代官员、社会名流都来这里拓印，影响当地百姓的生活，于是百姓们就趁着雷电，架上柴火焚烧，再用冷水浇毁，导致石头裂开，字迹也若隐若现，看不清楚了。幸运的是，清朝道光元年，知县王森文从民间找到拓印的真本，并请石匠刻成碑文，立在阳虚山下的许家庙村。

> 仓颉造字台现在位于西安市长安区郭杜街道长里村北，台高约十米，周长一百余米，原来是土台，现在外面包了一层青砖砌成了砖台。据考古发掘，人们在夯（hāng）土中发现了新石器时代的器皿，推测这是上古时期遗留下来的文化古迹。

骄虫

jiāo chóng

两个脑袋的山神

《中山经》

缟（gǎo）羝（dī）山之首，曰平逢之山，南望伊洛，东望谷城之山，无草木，无水，多沙石。有神焉，其状如人而二首，名曰骄虫，是为螫（shì）虫，实唯蜂蜜之庐，其祠之，用一雄鸡，禳而勿杀。

明代蒋应镐图本

外貌 外貌像人，却长着两个脑袋
技能 掌管所有蜇人的昆虫
住址 平逢山

中央第六列山系叫缟羝山山系，山系的第一座山叫作平逢山。山里有一个山神叫骄虫，他的外貌像人，却长着两个脑袋。他是所有能蜇人的昆虫的首领，所以平逢山也就成了一个各种蜜蜂聚集的地方。

清代胡文焕图本

清代汪绂图本

水神共工是炎帝的后裔，与轩辕氏本来就矛盾重重。颛顼称帝后，共工集合心怀不满的人，共同反对颛顼。反叛的诸神推选共工为盟主，并组建了一支军队。

　　颛顼知道后，一面点燃七十二座烽火台，召集四方诸侯前来支援；一面点齐护卫京畿的兵马，亲自挂帅，前去迎战。

　　一场酷烈的战斗展开了。经过激烈的厮杀，颛顼的部众越杀越多，人形虎尾的泰逢驾万道祥光由和山赶到，龙头人身的计蒙挟疾风骤雨由光山赶到，长着两个蜂窝脑袋的骄虫领着毒蜂、毒蝎由平逢山赶到。另一方，共工的部众则越杀越少，柜比的脖子被砍得只连着一层皮，披头散发的，一只断臂也不知丢到哪儿去了。王子夜的双手、双脚、头颅、胸腹全被砍断，七零八落地散了一地。

　　共工辗转杀到不周山下，身边仅剩十三骑。不周山顶天立地，是一根撑天的巨柱，它挡住了共工的去路。共工在绝望中发出了愤怒的呐喊，朝不周山拼命撞去，不周山竟被他拦腰撞断，横塌下来。

　　共工死后，人们奉他为水师，掌管水利。他的儿子后土也被人们奉为土地神，后来人们发誓时说"皇天后土在上"，指的就是他。

> 人们大都向骄虫祈祷，请他为人们驱除灾祸，使蜜蜂、蜇虫不蜇人。传说，祭祀这位山神，要用一只雄鸡做祭品。不用杀死雄鸡，在祭祀完毕后把它放掉就可以了。这种风俗在我国民间至今仍有保留。

清代《神异典》

蠱围 tuó wéi

羊角虎爪神

《中山经》

又东北百五十里，曰骄山。其上多玉，其下多青䨼（huò），其木多松柏，多桃枝钩端。神蠱围处之，其状如人面，羊角虎爪，恒游于雎（jū）漳之渊，出入有光。

明代蒋应镐图本

- **形态** 外形像人，头上长着羊角，四肢长着虎爪
- **习性** 常在雎水和漳水的深渊里畅游
- **技能** 出入各处时，身上会闪闪发光
- **住址** 骄山

神仙蟲围居住在骄山中，他的外形像人，但头上长着羊角，四肢长着虎爪。蟲围常常在雎水和漳水的深渊里畅游，出入各处时，身上还会闪闪发光。

蟲围是骄山的山神，骄山也是蟲围的冢，在中央第八列山系中占有重要的地位。祭祀蟲围的仪式也比较隆重，要用专门献神的酒来祭祀，还要用猪、羊各一头，取它们的血涂抹祭品后埋入地下，还要用璧来祀神。

> 东方第三列山系的山神跟蟲围长得很像，他们都是人的身子，却长着羊角。不同的是，东方第三列山系诸山神一旦出现，就会发生不好的事情，比如大风、暴雨、洪水等，毁坏农田，所以必须很小心地供奉他们。祭祀这些山神的礼仪是：选黍和一只公羊作祭品。

清代汪绂图本

清代《神异典》

032　陪孩子读《山海经》·异人篇

清代《禽虫典》

计蒙 jì méng

龙头人身神

《中山经》

又东百三十里,曰光山。其上多碧,其下多木。神计蒙处之,其状人身而龙首,恒游于漳渊,出入必有飘风暴雨。

明代蒋应镐图本

- **形态** 人身,龙头
- **爱好** 常常在漳水的深渊里游泳或玩耍
- **技能** 出入时会伴随狂风暴雨
- **职能** 山川之神、风雨之神
- **住址** 光山

清代毕沅图本

天神计蒙居住在光山，长着人的身子、龙的头。他常常在漳水的深渊里游泳或玩耍。他出入的地方，一定会伴随狂风暴雨。计蒙是光山的山神，也是山川之神和风雨之神。虽然没有固定的祭祀仪式，但他仍然受到民间百姓的祭拜。

> 东方第一列山系诸山神的外形都是人身龙头，祭祀这些山神时，人们会选用一只狗、一条鱼作为祭品，但不会把它们杀死，只是取一点血涂抹在祭器上。这种以血涂祭来代替杀牲血祭的方式是一种进步，它标志着人与神关系的一种变化。类似这种以血涂祭的习俗，目前在世界许多民族中还存在。

清代汪绂图本

涉蟲 shè tuó

方脸三脚山神

《中山经》

又东北百五十里，曰岐山。其阳多赤金，其阴多白珉（mín）；其上多金玉，其下多青雘（huò），其木多樗。神涉蟲处之，其状人身而方面三足。

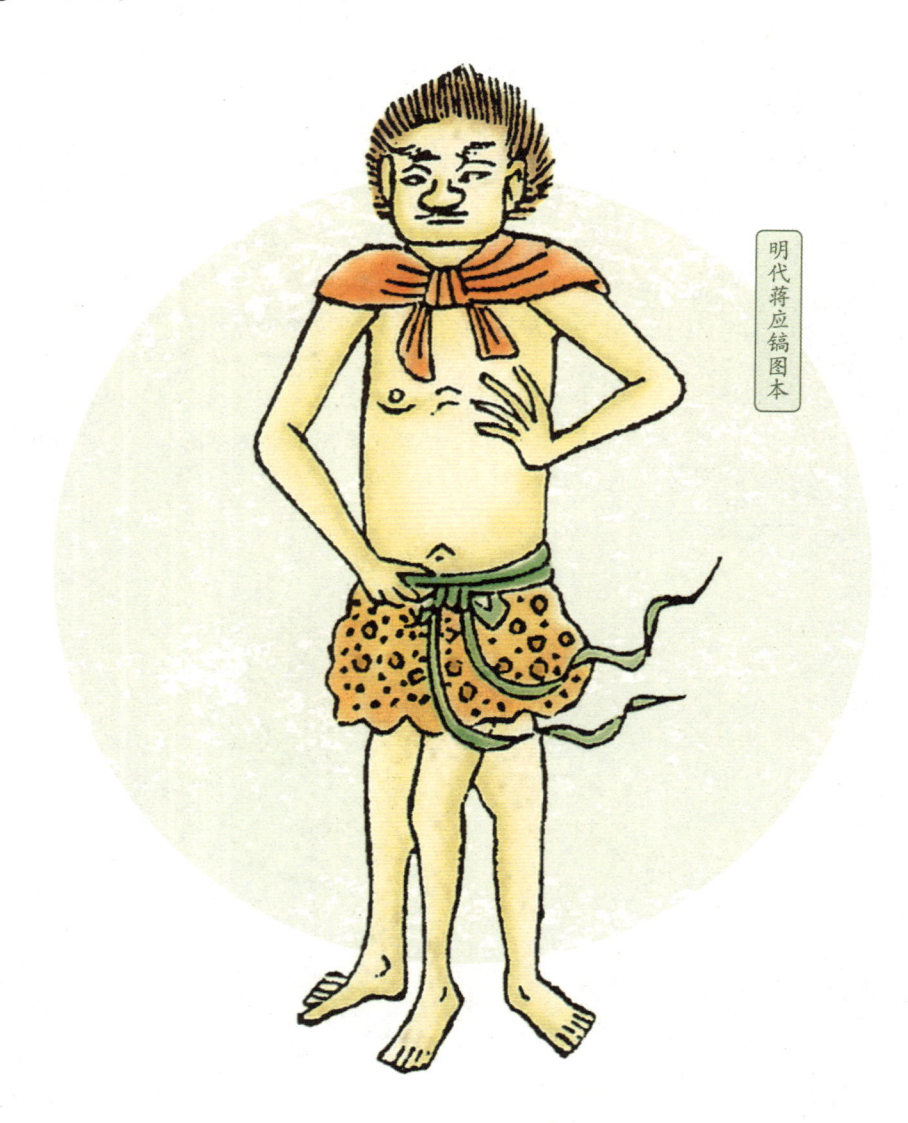

明代蒋应镐图本

形态 人身，方脸，三脚
技能 出入岐山的时候身体会发光
住址 岐山

清代汪绂图本

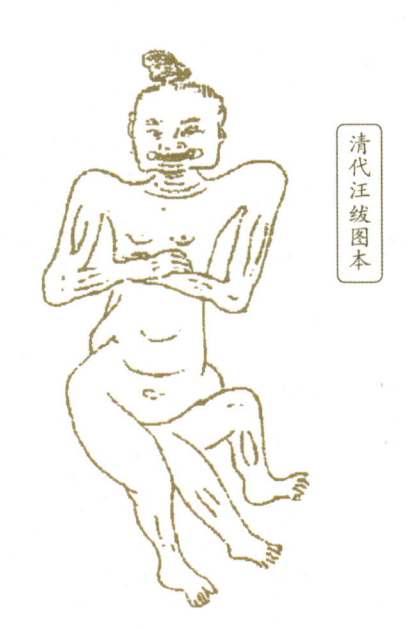

神仙涉蠱就住在物产丰富的岐山中,他长着人的身子,方形的面孔,身子下面还有三只脚。他在出入山中的时候,身体会发光。祭祀这类山神也没有固定的仪式。

清代《神异典》

于儿
yú ér

能操控蛇的山神

明代蒋应镐图本

《中山经》

又东一百五十里，曰夫夫之山。
其上多黄金，其下多青雄黄，其木多桑、楮，其草多竹、鸡鼓。
神于儿居之，其状人身而身操两蛇，常游于江渊，出入有光。

形态　样子像人，身上操控着两条蛇
技能　预示国家繁荣，为人类指路
住址　夫夫山

扫码听故事

于儿是夫夫山的山神，又是山川一体神，他的身子像人，身上操控着两条蛇。他常常在长江的深渊中游玩，出没时身上会发出耀眼的光彩。

传说，于儿听说愚公要世世代代、矢志不渝地移动太行山、王屋山，就去禀告了天帝。天帝被愚公的诚意所感动，就派了夸娥氏的两个儿子去背走了那两座大山，把一座山放在朔东，把另一座山放到雍南。

清代汪绂图本

明代胡文焕图本

于儿，也就是俞儿，是登山神。传说齐桓公北伐孤竹国时，在离卑耳之溪不到十里的地方，忽然看到一个身高一尺左右、穿戴整齐但脱去右边衣袖的小人。那个小人骑着马，飞一般地跑过去了。齐桓公非常奇怪，就问管仲。

管仲回答说，他可能是名叫俞儿的登山神，他的外貌像人，身高却只有一尺左右。只有在君主治国有方、国家繁荣时，他才出现。这位神人骑着马走在前面，是在为人指路。如果他脱去衣袖，就表示前面有水；而脱去右边衣袖，就表明从右边过去比较安全。

当齐桓公等人到了卑耳之溪后，有水性好的人说，从左边过去的话，水会到达人的头顶；而从右边过去的话，就会很安全。

同时，山神于儿又是江河之神。作为山川一体神，最大的特点就是与蛇相伴，或手里拿着蛇，或身上佩戴着蛇。蛇是神沟通两个世界的工具和助手。山神于儿就操控着两条蛇，一条蛇在上面，在于儿身上绕两圈，一头一尾从于儿的双手中间钻出来；另一条蛇在下面，蛇头在于儿的前身，蛇身在他的腹部往上绕了两圈，蛇尾则缠在他的胸前。

蛇成了许多神很有神力的重要标志，除了夫夫山的山神于儿，洞庭怪神也有操控蛇、佩戴蛇的特征。

> 古人对蛇的信仰由来已久，人身缠蛇的形象及蛇形、蛇纹图案大量出现在商周时期的器具上。

清代《神异典》

帝之二女

dì zhī èr nǚ

爱玩的女神

《中山经》

帝之二女居之，是常游于江渊。澧、沅之风，交潇、湘之渊，是在九江之间，出入必以飘风暴雨。

明代蒋应镐图本

- **形态** 女神
- **爱好** 乘着清风游玩
- **技能** 能带来狂风暴雨
- **住址** 洞庭山

帝之二女住在洞庭山上，她俩经常到长江的深渊中游玩。她们乘着澧（lǐ）水和沅（yuán）水吹来的清风，在幽清的潇水和湘水的渊潭上畅游，往返于九条江水之间。她们两个人出入的时候经常会出现狂风暴雨。

她们是尧帝的两个女儿娥皇和女英，后来成为舜帝的妃子。她们曾经帮助舜机智地摆脱弟弟象的迫害，成功地登上王位。后来，她们还鼓励舜以德报怨，善待那些死敌。她们的美德因此被载入史册，受到民众的称颂。

清代《神异典》

舜帝晚年去南方视察，在苍梧突然病故。娥皇和女英听到消息后立刻赶过去。她们一路走一路哭，眼泪洒到竹子上，形成了美丽的斑纹，后来这种竹子被称为斑竹。最后，娥皇和女英跳入湘江，为舜殉情。

她们死后性情大变，充满哀怨，出入时总是伴随着风雨、雷电，好像要把怒气洒向人间。

> 娥皇、女英和舜的伟大爱情故事，使得后人对她们的品质十分推崇。因为她们在湘江殒命，死后化为湘水之神。湘江流域修建了不少湘妃庙，附近的百姓经常向她们祈福。

清代汪绂图本

清代萧云从《离骚图·九歌》

结胸国人

jié xiōng guó rén

胸脯凸起的人

《海外南经》

海外自西南陬（zōu）至东南陬者。结胸国在其西南，其为人结胸。

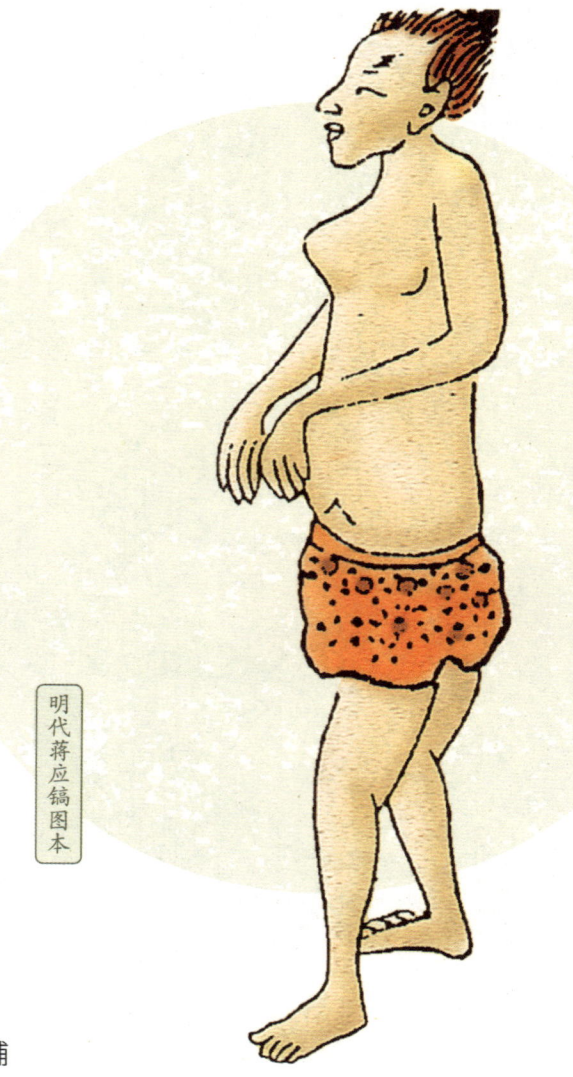

明代蒋应镐图本

形态 长着鸡一样的胸脯
住址 结胸国

结胸国位于灭蒙鸟所处位置的西南方。结胸国的人都长着凸出的胸脯，就像鸡一样。

夸父是炎帝的后代，他和叔叔蚩尤在涿鹿与黄帝展开了战斗，后来兵败。此后，黄帝族并不罢休，继续出兵征讨炎帝一族。炎帝的后代吴回带着子孙逃出汉中平原，不久就被黄帝一族捉住。吴回被当场处死，而且死得很惨，他被人砍断了右臂，又被重器击胸而死，称为"结胸"。炎帝后人把吴回的尸体葬到了蜀地，并在那一带居住了下来。后来，这里形成了一个强大的部落，叫作"结胸国"。

也有传说，结胸国的人原本长相很正常，因为他们好吃懒做，天神才让他们每个人的胸前都长出一个大包块来，这样他们吃东西的时候，就会十分费力，也就不能再好吃懒做了。

羽民国人
yǔ mín guó rén

会飞的长头人

明代蒋应镐图本

《大荒南经》

有羽民之国,其民皆生毛羽。

《海外南经》

羽民国在其东南,其为人长头,身生羽。
一曰在比翼鸟东南,其为人长颊。

形态 脑袋和脸都很长,全身长满羽毛。白头发、红眼睛、鸟嘴,背上有一对翅膀
技能 可以超越生死
住址 羽民国

羽民国位于灭蒙鸟所处地方的东南面，这里的人都长着长长的脑袋和脸颊，全身长满羽毛。他们还有白色的头发、红色的眼睛，甚至有的还有鸟一样的尖嘴。他们背上虽然有一对翅膀，但是飞得很低。古人认为，羽民国人和鸟一样，都是从蛋壳中孵化出来的，他们可以超越生死，变成神仙。

在羽民国，有一种怪物叫羽蒙，它们不会飞，但整天待在悬崖上，等风来的时候，借助风的力量飞起来，但总是飞不远就会掉下来。传说，鸾鸟就住在羽民国，羽民国人经常去偷鸾鸟蛋。因为当地有一种说法，吃了鸾鸟蛋就可以成仙。

其实，羽人的形象最早出现在商代，他们或人头鸟身，或鸟头人身，这种现象或源于远古社会对鸟类的崇拜。

西汉时期的文物中也常能见到羽人。这尊西汉时期的青铜羽人，长脸；两耳硕大，竖立着高出头顶；脑后梳有锥形发髻。他的背部有一对翅膀，膝下也有鳞状垂羽，与《山海经》中对羽民国居民的描述很是贴近。

沧源岩画中的羽人

清代萧云从《离骚图·远游》

讙头国人

huǎn tóu guó rén

把翅膀当拐杖的人

《海外南经》

讙头国在其南,其为人人面有翼,鸟喙,方捕鱼。一日在毕方东。或曰讙朱国。

明代蒋应镐图本

形态 有着人的面孔,有两个翅膀,长着鸟嘴
习性 拄着翅膀前行
技能 可以用嘴巴捕食鱼虾,用黑黍等谷物充饥
住址 讙头国,灭蒙鸟所处地方的南面

讙头国在灭蒙鸟所处地方的南面，那里的人长相跟平常的人很接近。不同的是，他们的背上还有两个翅膀，但是却不能像鸟一样飞行，只能把翅膀当作拐杖来使用，每日拄着翅膀前行。他们长着鸟嘴，可以用嘴巴直接捕食鱼虾。除此之外，他们还用黑黍等谷物充饥。

　　讙头国人被古人认为是丹朱的后人。丹朱是尧帝的儿子，因为他生性凶狠，而且比较顽固，所以尧把天下让给了舜，将丹朱流放到了南方。丹朱不满意，准备谋反，最终失败了，跳进海里死了。之后他的灵魂化为鸰鸟，而讙头国人的长相比较像鸟，所以被认为是丹朱的后裔。

> 成群结队的讙头国人，经常拄着翅膀在海边巡游，找机会用他们的鸟嘴捉鱼吃。

贵州苗族绣绘

清代吴任臣图本

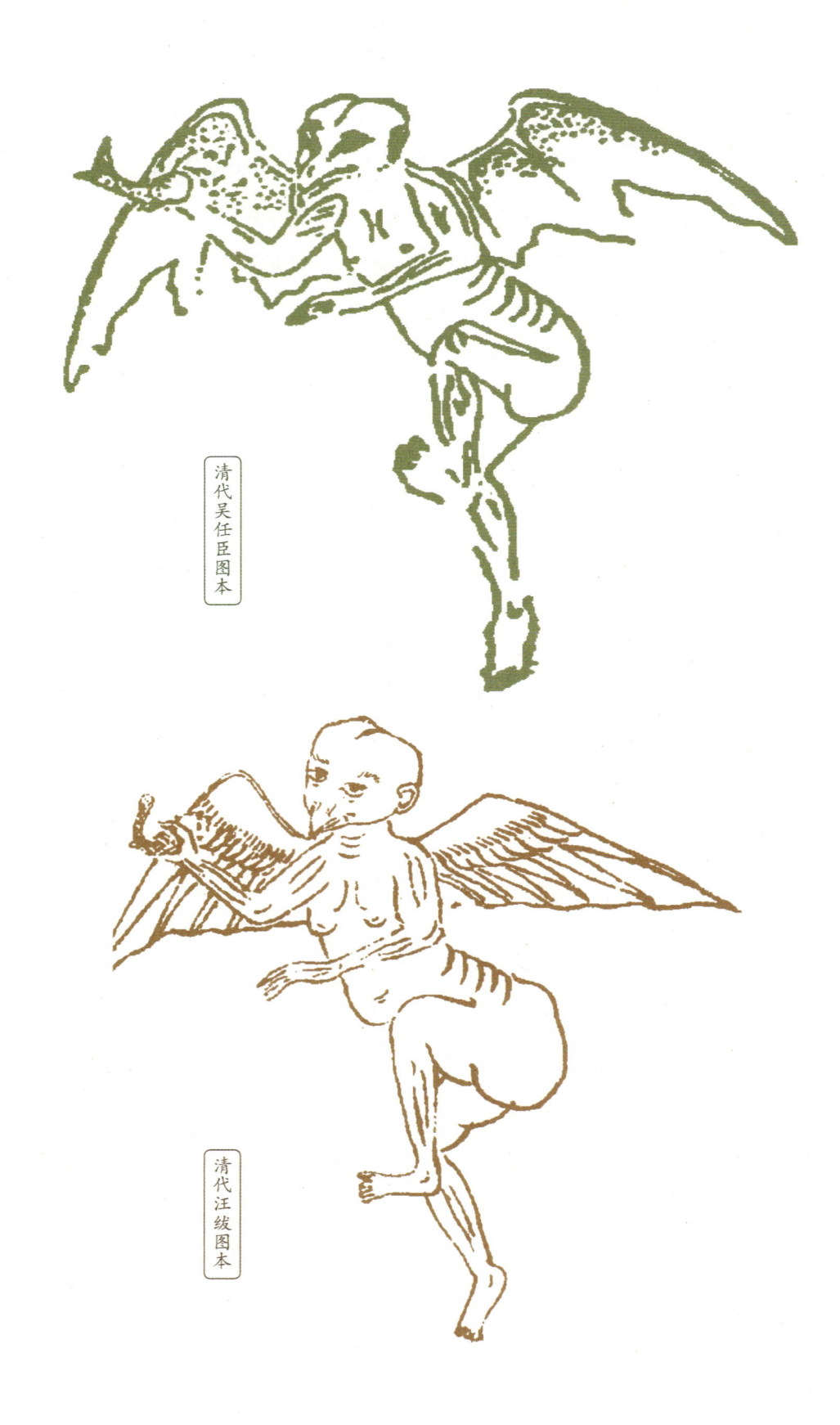

清代汪绂图本

052　陪孩子读《山海经》·异人篇

厌火国人
yàn huǒ guó rén

吃火炭的猿人

《海外南经》
厌火国在其国南,其为人兽身黑色,火出其口中,一曰在讙朱东。

明代蒋应镐图本

形态　外形很像猿猴,浑身都是黑色的毛发
习性　把火炭当饭吃
技能　嘴里可以吐火
住址　厌火国,在灭蒙鸟所处地方的南面

清代汪绂图本

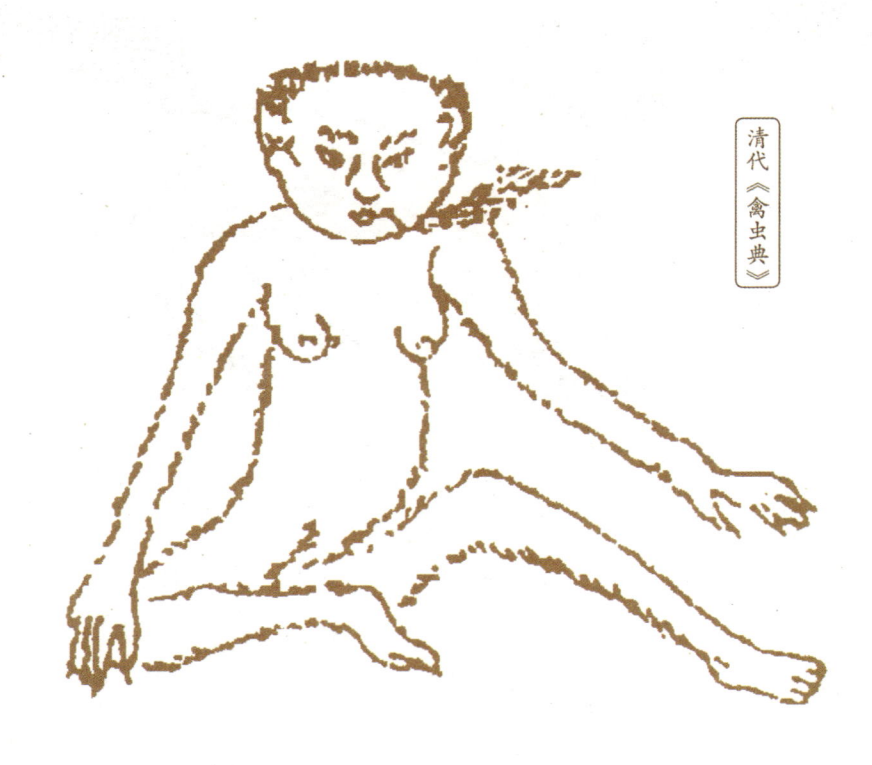

清代《禽虫典》

054　陪孩子读《山海经》·异人篇

厌火国在灭蒙鸟所处地方的南面，这里的人外形很像猿猴，浑身都是黑色的毛发。他们平时把火炭当饭吃，所以嘴里可以吐火。

和厌火国人生活在一起的有一种食火兽，这种怪兽的外形像狗，能够吃火，还会排出带火的粪便，所以它走到哪里，哪里就会起火，人们把它看作是火灾的预兆。

《西游记》中，也有一个嘴巴会喷火的人——红孩儿。红孩儿是牛魔王和铁扇公主的孩子，虽然已经三百多岁了，但是他看起来仍然是个孩子，号称"圣婴大王"。他的本领非常强大，嘴巴里能吐火，鼻子里能喷出烟雾，方圆几百里内的山神、土地神都是他的杂役，动不动就被他抓来训斥或者戏弄。

清代《边裔典》

我国境内的克木人，不论大人还是小孩都不怕火。烧得通红的木炭、铁板，他们敢用舌尖去舔，在他们的皮肤上来回磨蹭，却不会留下任何烫伤的痕迹。从这一点来说，他们真的很像厌火国的后人呢。

载国人

zhí guó rén

能和各种生物和平相处的人

《海外南经》

载国在其东，其为人黄，能操弓射蛇。一曰载国在三毛东。

《大荒南经》

有载民之国。帝舜生无淫，降载处，是谓巫载民。巫载民载姓，食谷，不绩不经，服也；不稼不穑，食也。

明代蒋应镐图本

形态 黄色皮肤
习性 生活衣食无忧，始终安乐，能和各种生物和平相处
技能 箭法高超
住址 载国，在灭蒙鸟所处地方的东面

载国在灭蒙鸟所处地方的东面，这里的人都是黄色皮肤，能用弓箭射死蛇，箭法十分高超。据传，载国人是舜的后裔，他们的生活衣食无忧，始终安乐。他们不用纺织也可以有衣服穿，不用耕种也可以有粮食吃。在这里还有鸾鸟在唱歌，凤凰在飞舞，百兽聚集到一起，大家和平相处，非常和谐。可以说载国就是古代先民心目中的世外桃源。

贯胸国人
guàn xiōng guó rén

胸前有大洞的人

明代蒋应镐图本

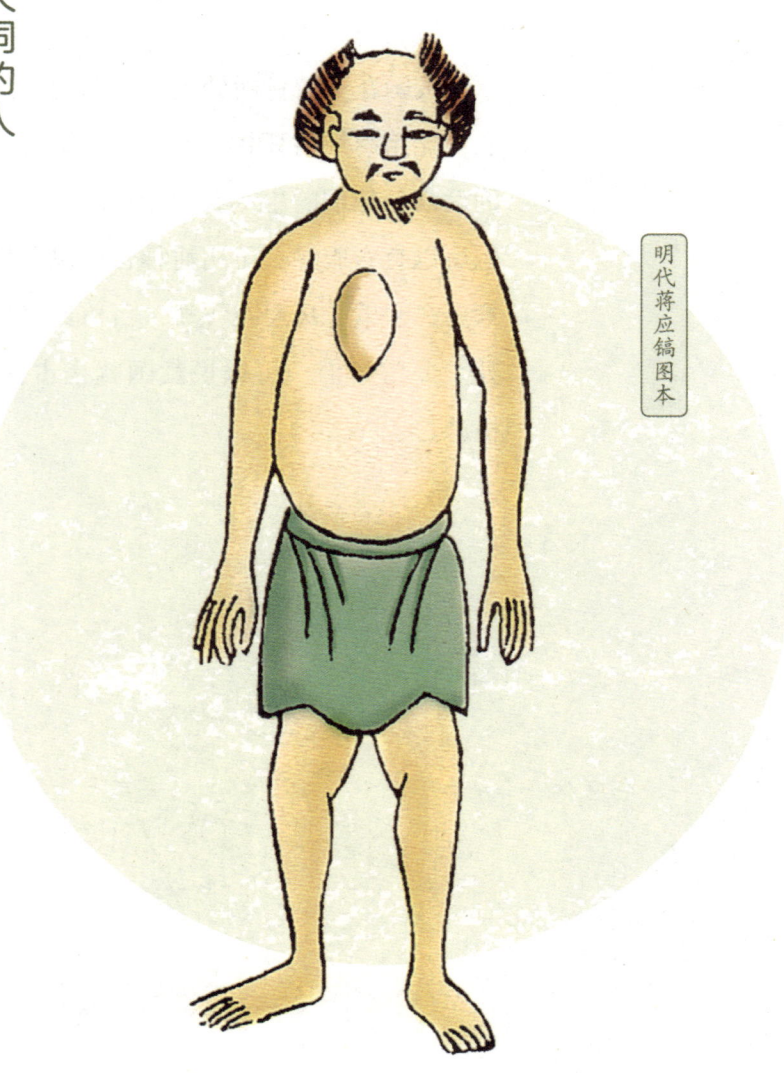

《海外南经》

贯胸国在其东，其为人胸有窍。一曰在戳（zhí）国东。

形态 胸前都有一个大洞
技能 有着惊人的忍耐力和爆发力，伤口会自动愈合
住址 贯胸国，在灭蒙鸟所处地方的东面

扫码听故事

贯胸国在灭蒙鸟所处地方的东面，这里的人胸前都有一个大洞。他们长期受到大自然各种残酷的折磨，有着惊人的忍耐力和爆发力。即便是在战斗中流血，伤口也具有自动愈合的能力。

贯胸国人是山神防风氏的后裔。大禹治水的时候，曾经在会稽山上召集天下各路神仙，但是山神防风氏没有按时赶到。大禹为了在众神当中树立威信，杀掉了防风氏。后来，大禹乘坐龙车巡游的时候，防风氏的后裔就准备用箭杀死大禹，为祖先报仇。但是在行刺过程中，忽然打雷，有两条龙驾着大禹的车飞腾而去。防风氏的后裔这才意识到自己闯祸了，于是就用尖刀刺穿自己的心脏死了。大禹知道这件事之后，十分欣赏这些人的忠义和耿直，就赐给他们不死草，让他们复活了。但是他们胸口的大洞却留了下来，并且一直传给他们的后代，于是就形成了贯胸国。

> 东汉及元代的古书中记载，当时贯胸国的富人出门的时候都不坐轿子，而是把上衣脱掉，让人用一根竹杠或木头穿过胸部，抬着走。

清代吴任臣图本

汉代画像石

060　陪孩子读《山海经》·异人篇

清代吴任臣图本

交胫国人

jiāo jìng guó rén

双腿交叉的人

《海外南经》
交胫国在其东，其为人交胫。一曰在穿胸东。

明代蒋应镐图本

形态 个子只有四尺左右，身上有毛，双腿交叉着
习性 一旦摔倒就只能趴在地上，直到有人搀扶才能够站起来
住址 交胫国，在灭蒙鸟所处地方的东面

交胫国也在灭蒙鸟所处地方的东面。交胫国的人总是交叉着双腿，即便走路的时候也是这样。他们的个子都不高，只有四尺左右，身上有毛，但是足骨没有骨节，因此双腿能够交叉。他们走路的时候需要特别小心，因为一旦摔倒就只能趴在地上，直到有人搀扶才能够站起来。

清代吴任臣乾隆图本

不死民

bù sǐ mín

长生不死的人

《海外南经》

不死民在其东，其为人黑色，寿，不死。一曰在穿胸国东。

《大荒南经》

有不死之国，阿姓，甘木是食。

明代蒋应镐图本

形态 黑色的皮肤
技能 个个长寿，人人不死
住址 员丘山旁，交胫国的东面

不死民住在交胫国的东面，他们每个人的皮肤都是黑色的，但个个长寿，人人不死。不死民住在员丘山的旁边，这座山上有一些不死树，据说吃了这种树的果实就可以长生不老。山下还有一眼泉水，名字叫赤泉，喝了泉水之后也能够长生不死。正是因为有了这两样东西，不死民才可以真正做到长生不死，他们根本就不知道什么是死亡。

> 这幅图画的就是神情俊逸，身上披着树叶、手里拿着青枝的长寿之人。

清代萧云从《天问图》

岐舌国人

qí shé guó rén

舌头反着长的人

《海外南经》

岐舌国在其东，其为人反舌。
一曰岐舌国在不死民东。

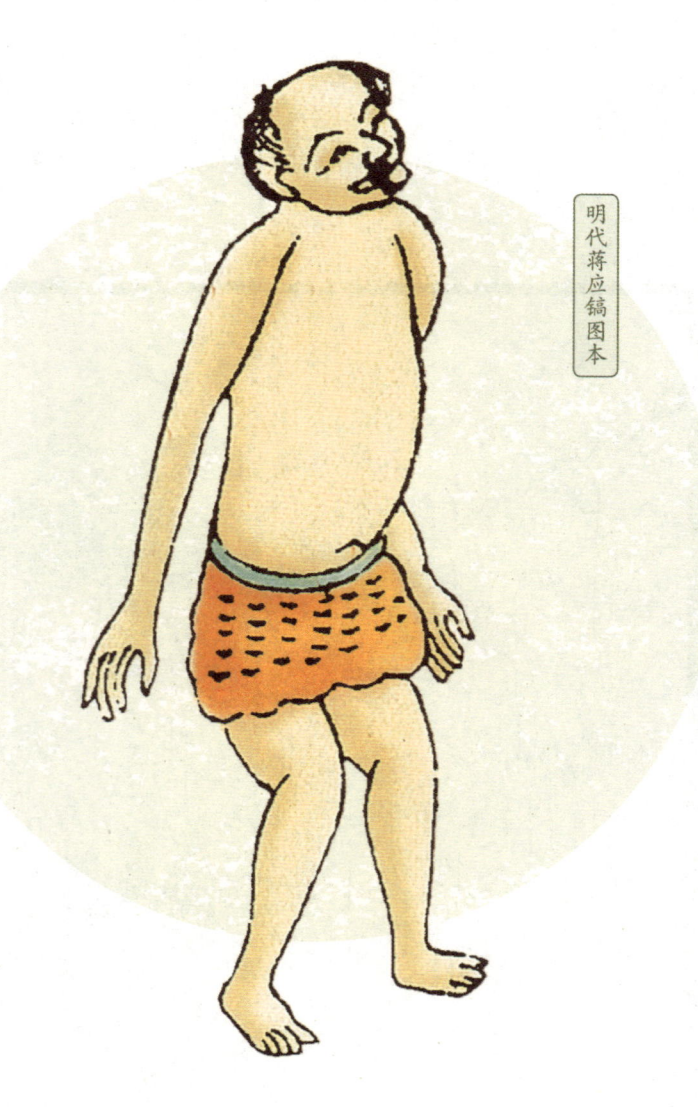

明代蒋应镐图本

形态 舌根在前，舌尖向后
技能 有一套自己的语言系统，别国的人都听不懂
住址 岐舌国，员丘山的东面

岐舌国在员丘山的东面，那里的人都是舌根在前、舌尖向后伸向喉咙。因为他们的舌头很特殊，所以他们有一套自己的语言。他们说的话，别国的人是听不懂的，只有他们自己能懂。所以，外界跟他们的联系非常少，只知道他们崇拜蛇。有人说，岐舌国人的舌头不是反长，而是分叉，跟蛇信很像，能喷出毒液。他们在夜间出门时，眼睛里还能放出红光，非常可怕。

> 中华第一部中医药巨著《黄帝内经》作者、中医始祖岐伯就出生于古岐舌国。《抱朴子》所中说岐伯曾去过的缙云山、青城山、峨眉山等，所以岐舌国应该在这一区域。

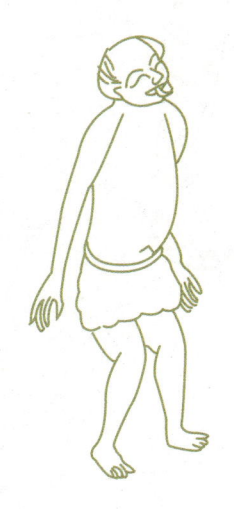

三首国人
sān shǒu guó rén

一个身子三个头的怪人

明代蒋应镐图本

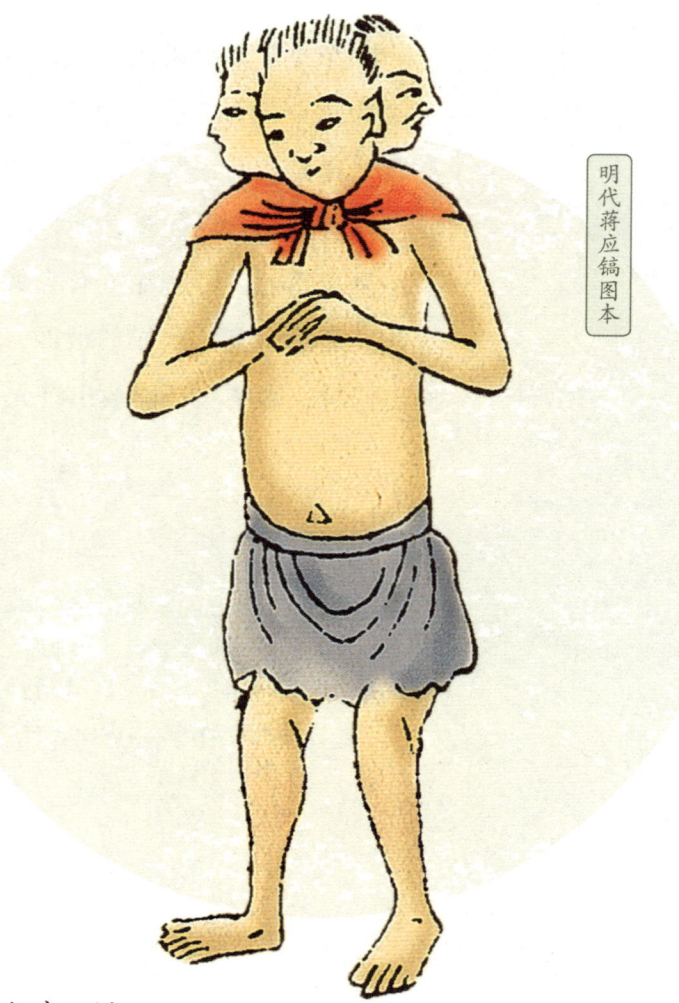

《海内西经》

服常树，其上有三头人，伺琅玕树。

《海外南经》

三首国在其东，其为人一身三首。一曰在凿齿东。

形态　一个身子三个头
技能　五官都是相通的
住址　三首国，灭蒙鸟所处地方的东边三首国在灭蒙鸟所处地方的东边，这里的人都是一个身子三个头。他们三个头上的五官都是相通的，所以呼吸的时候，一口气会同时从六个鼻孔中进出；一双眼睛看到的东西，其他两双眼睛也能看见；一张嘴吃了东西，另外两张嘴就不用吃了。

三首国人有一个神圣的使命，就是看护琅玕树。这是一种仙树，树上不结果子，而是长珠玉。看护琅玕树原本是天神陆吾的任务，但陆吾事情太多，没有时间和精力照顾神树，就派三首国人去看守。

清代吴任臣乾隆图本

清代吴任臣近文堂图本

周饶国人
zhōu ráo guó rén

小矮人

《海外南经》

周饶国在其东,其为人短小,冠带。一曰焦侥国在三首东。

明代蒋应镐图本

形态 身材矮小,戴帽子、系腰带,穿着非常整齐、讲究
技能 能够制造各种精巧的器物,还会耕田种地
住址 周饶国,灭蒙鸟所处地方的东面

周饶国在灭蒙鸟所处地方的东面。周饶国的人身材矮小，但是他们戴帽子、系腰带，穿着非常整齐、讲究，个个都显得文质彬彬。他们住在山洞中，非常聪明，能够制造各种精巧的器物，还会耕田种地。因为他们身材太矮小了，海鸟经常把他们吃掉。幸好附近高大的秦国人经常过来帮助他们驱赶海鸟，才不至于被吞到海鸟肚子里。

传说，大禹曾经到过周饶国。那时，大禹到了一座岛上，看见岛上树木郁郁葱葱，山石耸立，但他们走了很久却没有看到一个人。他的侍者真窥说："这里很可能是个无人岛。"话音刚落，大禹的副官横革惊叫一声，就飞快地朝前跑去。大家都觉得很奇怪，就一起跟了过去。横革从树林里抓到了一个东西，大家仔细一看，原来是一个小人。他的长相和人类一样，有眉毛、眼睛、鼻子、嘴巴、耳朵，也有手有脚，看起来有七八寸长，就像孩子的玩具差不多大。看他一动不动的，横革赶忙把他放到了地上，可是他依然不动。大禹说："我们再到林子里找找看。"

大家走到了树林里，发现这里有很多小屋。都是用小块的石头或者木头建成的，有高有低，但就是看不到人。大家低头，从小门往里看，原来小人都躲到了屋里，他们看起来很害怕。还有的小人跪在地上磕头，还发出极其微弱的声音，好像在祈祷。

大禹看了以后很不忍心，就让大家从林子里出来了。途中，他们看到地上还有路、排水沟和田地。他们还发现了一把用石头磨成的刀，只有半寸长；一个贝壳，里面放满了蚂蚁和蚂蚁卵，大禹猜测，这可能就是小人们的食物了。走到最开始的地方，发现那个被捉的小人仍然躺在那里不动，大约已经被吓死了。

祝融

zhù róng

乘龙火神

明代蒋应镐图本

《海外南经》

南方祝融，兽身人面，乘两龙。

《大荒西经》

颛顼生老童，老童生祝融，祝融生太子长琴，是处榣山，始作乐风。

形态 人面、兽身，乘着两条龙

技能 控制火，发明了取火的方法

南方的祝融神，是炎帝的五世孙。他长着野兽的身子、人的面孔，乘着两条龙。当时大多数人还不会使用火，但祝融却从小就和火非常亲近，于是成了一个管理火的官员。他能够利用火做各种事情，还发明了取火的方法。之后，祝融就成了火神。

火不仅被应用于生活当中，也被应用于战争当中。人们习惯地把火灾称为"祝融之患"，也是因为祝融的名声太大了。

"祝"是永远、继续的意思，"融"是光明的象征，"祝融"的意思是继续用火来照耀大地，永远给人带来光明。祝融死后，葬在南岳衡山舜庙的南峰，就是现在的祝融峰。

楚帛书十二月神图

夏后启
xià hòu qǐ
从石头里出生的人

明代蒋应镐图本

《海外西经》

大乐之野，夏后启于此儛（wǔ）九代，乘两龙，云盖三层。左手操翳（yì），右手操环，佩玉璜。在大运山北。一曰大遗之野。

《大荒西经》

西南海之外，赤水之南，流沙之西，有人珥两青蛇，乘两龙，名曰夏后开。开上三嫔于天，得《九辩》与《九歌》以下。此天穆之野，高二千仞，开焉得始歌《九招》。

形态 左手握着一顶用羽毛做的华盖，右手拿着一只玉环，腰间还佩挂着一块玉璜
技能 驾龙上天
住址 大乐野

扫码听故事

夏后启就是大禹的儿子启，他是夏代的第二个君主。大禹为了治水，直到三十岁也没有结婚。后来他治水途经涂山，看到一只九尾狐从山里跑出来，想起了涂山当地流传的一首歌谣："谁见到了九尾狐，谁就可以为王；谁娶了涂山的女子，谁的家道就会兴旺。"于是大禹便决心娶一个涂山的女子为妻。当时涂山部落的首领有一个女儿，名叫女娇，举止很文雅，长得也很漂亮，大禹在会见涂山部落首领时偶然看见了她，彼此一见钟情，在一个叫桑台的地方结了婚。

后来大禹因为要去各个地方治水，就把女娇安顿在都城安邑，后来又搬到了太室山。大禹在治水期间，三次经过家门口都没有回去。女娇人生地不熟，丈夫又不在身边，日子过得很辛苦。一次，大禹回家的时候，她坚决要求跟随丈夫一起出发，大禹只好勉强答应了。

当时，大禹正在轩辕山治水。大禹要把这座山打通，把河水引到东面。这是一个特别大的工程，女娇为了给丈夫补充体力，便决定给大禹单独做饭，然后亲自给他送去。大禹采纳了女娇提出的建议，他在轩辕山的山崖下面放了一面鼓，并和妻子约定，如果他敲三下鼓，就是要女娇上山给他送饭的信号。

女娇回去做饭的时候，大禹就摇身一变，成为一只毛茸茸的大黑熊，用尽力气带领百姓凿山开道。一天，大禹奋力工作的时候，他的爪子不小心刨动了三颗小石子，正好打在山崖下的鼓上，但是大禹专心工作，并没有察觉到这件事。

女娇听到鼓声后，急急忙忙赶来送饭，看到大禹所化的黑熊正在拼命地刨石块。她万万没有想到，自己的丈夫竟是一只大黑熊。她既吃惊，又羞愧，不由得大叫了一声，扔下装饭的篮子，转身逃走了。

大禹听见了妻子的叫喊，才停止了手头的工作，在后面追赶过来。两人你追我赶，一直跑到了嵩高山下，这时候女娇已经精疲力竭，倒在路边，变成了一块大石头。追上来的大禹又急又气，大声喊道："还我儿子！"石头听到叫喊，便向着北方裂开，从中出来一个小孩，大禹便给他起名叫启。启就是开裂的意思，所以启也叫开。在大禹治水的岁月中，启也渐渐长大了。

大禹治水成功后，被人们推举为舜的接班人。不久舜就禅位给了大禹。舜去世后，大禹正式成为部落联盟的首领，他非常努力地工作，把天下治理得非常好。

在大禹晚年的时候，他准备学习尧、舜，由人们推举一个贤能的人来接替自己。最初，人们推举皋陶，他在舜在位时就掌管刑法。但是没等接任，他就病死了。

后来人们经过商议，又一致推举伯益做大禹的继承人。伯益是大禹治水时一名主要的助手，他发明了一种打井的新方法，还擅长畜牧和打猎。伯益曾教会人们用火来驱赶树林里的野兽。在当时人们的心目中，他是一位仅次于大禹的英雄。

随着大禹王位的巩固，他越来越觉得，王权应该由自己的儿子启来接管。于是他暗中锻炼他的能力，让启参与治理国事，只给伯益一个继承人的名义，并没有实权。又过了几年，启把国事处理得很好，在人们心目中的地位也高了起来。伯益作为继承人，却没有新的政绩，他过去的功劳，人们也渐渐淡忘了。

大禹去世以后，启执掌了王权，大多数部族的首领都表示效忠于他。伯益看到事情成了这个样子，十分恼怒。他本来是东夷人，就召集东夷的部族，率军向启发起进攻。启也早有防备，从容应战。经过一番较量，启将伯益的军队打败了。启为了庆祝胜利，在钧台举行了大规模的宴会，公开宣布自己是夏朝第二代国君。从此，父亲死后由儿子继承王位的制度，取代了由贤能的人轮流治理天下的制度。

尽管启打败了伯益，但还有许多部族对他的做法表示强烈反对。

有一个部族叫有扈氏，它的首领就站出来公开反对夏启的做法，要求他按照部落会议的决定，把王位还给伯益。于是，夏启就和有扈氏在甘泽这个地方发生了战斗。结果，有扈氏被打败，这个部落的成员也都成了奴隶。从此，夏启的王位更加稳固，再也没人敢站出来反对他。

大禹是天神鲧（gǔn）的儿子，具有超乎常人的神力。他的儿子启也具有神性。他曾经三次驾龙上天，到天帝那里做客。他把天宫的乐章《九辩》和《九歌》记下，在大运山北的大遗之野演奏，这便是乐舞《九招》《九代》。大遗之野就是夏启观看《九代》的地方。他乘着两条巨龙，飞在三重云雾之上。他左手握着一顶用羽毛做的华盖，右手拿着一只玉环，腰间还佩挂着一块玉璜，正在专心致志地欣赏乐舞。

山东嘉祥武梁祠汉画像石

一臂国人

yī bì guó rén

半体人

《海外西经》

一臂国在其北，一臂、一目、一鼻孔。有黄马虎文，一目而一手。

明代蒋应镐图本

又名 比肩民、半体人
形态 只有普通人一半的身体
习性 两两并肩连在一起才能正常行走
住址 一臂国，三身国的北面

一臂国在三身国的北面，那里的人都长着一条胳膊、一条腿，脸上长着一只眼睛、一条眉毛、一个鼻孔、一张嘴。也就是说，他们只有普通人一半的身体，又叫比肩民或半体人。像比目鱼、比翼鸟一样，他们只有两两并肩、连在一起，才能正常行走。

这个地方有一种黄色的马，毛皮上长着虎纹。和这里的人一样，这些马也都只长着一只眼睛和一个前蹄，是一臂国人的坐骑。

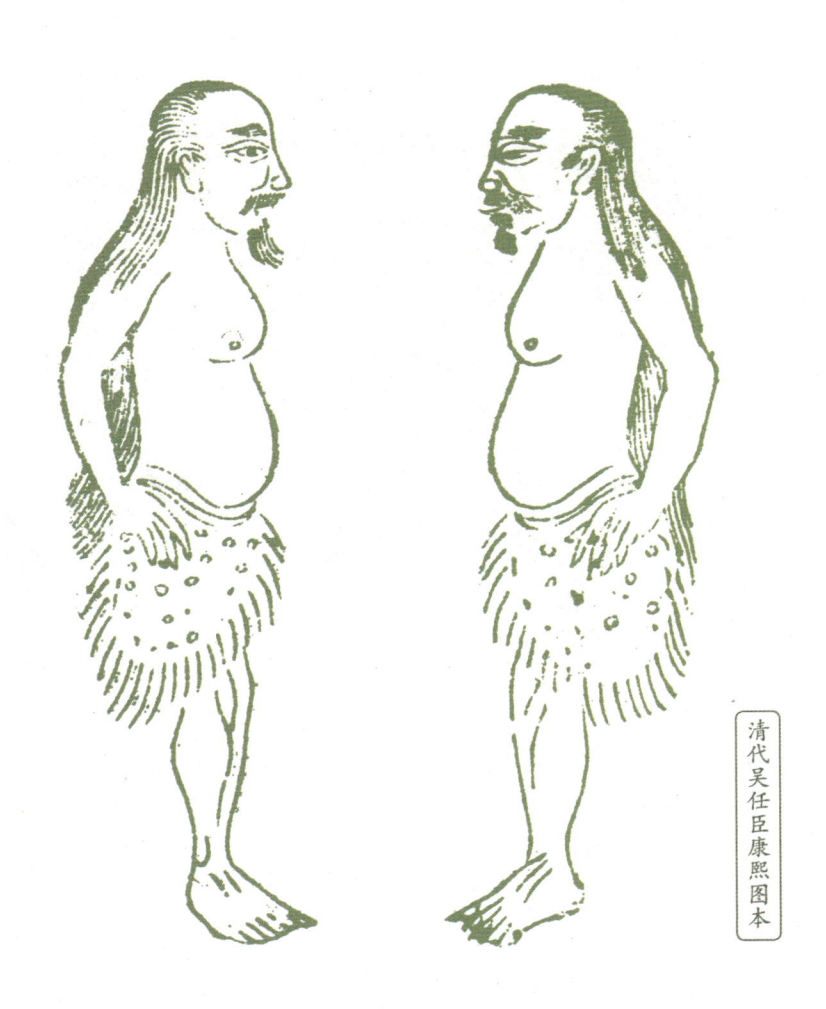

清代吴任臣康熙图本

奇肱国人

qí gōng guó rén

三眼单臂人

《海外西经》

奇肱之国在其北,其人一臂三目,有阴有阳,乘文马。有鸟焉,两头,赤黄色,在其旁。

明代蒋应镐图本

形态 只有一条胳膊,却有三只眼睛,眼睛有阴有阳,阴眼在上而阳眼在下
习性 在夜间也能正常工作,出门常骑吉量马
技能 擅长制造各种灵巧的机械
住址 奇肱国,一臂国的北边

扫码听故事

奇肱国在一臂国的北边，这里的人都只有一条胳膊，却有三只眼睛。他们的眼睛有阴有阳，阴眼在上，阳眼在下；白天用阳眼，晚上用阴眼，所以他们在夜间也能正常工作。

他们平时出门经常骑着一种名叫吉量的神马，这种神马又叫吉黄，毛皮是白色的，有好看的花纹，马鬃是红色的。吉量马的眼睛金光闪闪，据说骑上吉量马的人可活到千岁。

奇肱国人擅长制造各种灵巧的机械，由于他们只有一条胳膊，所以他们做起事情来不太灵便，因此他们十分珍惜时间，就算到了晚上也继续工作，不去休息。

奇肱国还有一种怪鸟，它长着两个脑袋，身上的羽毛红黄相间。奇肱国人做出各种捕鸟的小器具，用来捉住它们。

此外，奇肱国人还能制造飞车。这种飞车的外形奇特，做工精致，能顺着风飞行。传说，在商汤时期，奇肱国人曾经乘坐飞车顺风飞行，突然刮来一阵猛烈的西风，把他们连同飞车一起吹到了豫州附近。商汤派将士把他们的车砸坏了，不让他们回去。他们悄悄把毁坏的飞车藏起来，不让当地的百姓看见。他们在豫州住了下来，等待时机。十年之后，刮起了东风，他们又造了一辆飞车，然后顺着东风又飞了回去。

大禹考察水情的时候曾经到过奇肱国，亲眼见过奇肱国人制造飞车的情景。当时，大禹凿通方山，穿过三身国继续向西。有一天，远处的空中突然出现了一辆飞车，乍一看特别像飞鸟。伯益问大禹："这是个什么东西，我们跟过去看看吧。"

于是，郭支发出号令，他们骑的两条巨龙连忙掉转方向，跟上那辆飞车。走了不一会儿，那辆飞车渐渐降落。

大禹这些人一看，那是个很繁华的地方，有房子、有街市，商铺一间接一间，无数的飞车停在一起。街道上的人，都只有一只手；而眼睛却有三只，一只在上，两只并排在下。还有几个人，骑着金色眼睛的白马。

伯益认识这种马，他就跟大禹说："从前在犬封国看见过这种马，它叫吉量。骑这种马的人可以活到千岁，难道这里的人都是长生不死的吗？"

在路旁的树林里，他们遇见两个打猎的人。猎人在树林里设了陷阱，有三只野兽已经掉进去了。那两个人把三只野兽捉住并捆了起来，然后把猎物扛在肩上走了。虽然这两人只有两条胳膊，但他们一点也不觉得吃力。大禹等人忙赶上前去问他们："请问你们这是什么国家？"猎户说："我们这里叫奇肱国。你们是要打听这个国家的情况吗？从这里走几十步，有一间朝南的旧屋子，屋里有一个老人，你们去问他吧。"说完，猎人就扛着野兽走了。

大禹等人按照猎人所指的路走到旧屋，果然看见一个老人。他站起来问大禹等人："你们是中华人吗？你们来这里是要做什么生意，还是来游玩的呢？"大禹说："都不是。我们看见你们这里的飞车很精妙，想来看看。"那个老人说："既然这样，那我带你们去参观参观吧。"说着，老人站起身来往外走，大禹他们跟在后面。

走了大约一里地，就看见地上停着很多飞车。这时，正好有两个人在车里坐着，只见他们用手指用力一扳，就听见轰隆轰隆的声音，飞车已经渐渐往上飞了；飞到七八丈的时候，车开始平行着飞，但却飞得非常平稳。大禹等人走到飞车旁边，仔细观察那辆车，车上只可以坐两个人，长宽还不到一丈。

飞车的车身都是用柴荆、柳棘编成的，里里外外和四周有无数个轮齿，座位前面插着一根长木。那个老人说："这种飞车虽然能自己升降行动，如果顺风的时候飞行，就会如虎添翼。"随后，老人一一介绍了车里的配件和用途："这根长木是在有风的时候用来挂帆布的。"他又指着车里的另一个机关说："扳动这个机关，飞车就能升到高空。要让飞车降落到地面上，就扳这个机关。"老人又先后指着两个机关说："这个是让车前进的，这是使车后退的。"

在车的前面有一块凸出的圆形木板,老人介绍说:"这是控制方向的,就像船上的舵一样。"大禹等人一边听一边看,心中暗暗佩服他们技术的巧妙、工艺的精湛。

那个老人说:"我们这里的人受先天条件的限制,只有一只手臂,做起事来不像其他国家的人那么灵便,所以我们不得不珍惜光阴,加倍努力工作。乘坐飞车是为了节省去远方的时间,并不是贪图安逸。"随后老人又说道:"我们这里的人有三只眼睛,在上的那只是阴眼,在下的两只是阳眼。白天用阳眼,晚上用阴眼,所以我们在夜间也能工作,不用点火,这是我们这里的人的长处。"

清代汪绂图本

刑天

xíng tiān

双乳为目、肚脐为口的无头天神

《海外西经》

刑天与帝争神，帝断其首，葬之常羊之山。乃以乳为目，以脐为口，操干戚以舞。

明代蒋应镐图本

形态 没有头，把身体当作脸，把双乳当作眼睛，把肚脐当作嘴巴，一手拿着盾牌，一手舞动巨斧，有络腮胡子，面带笑容

084　陪孩子读《山海经》·异人篇

刑天原来是炎帝的臣子，后来，他为了和黄帝争夺神位，展开了一场厮杀。结果刑天失败，被黄帝砍下了脑袋，成了"断头将军"。黄帝把刑天的头埋在了常羊山。虽然刑天没有了头，但他并没有死，也没有屈服，他把双乳当作眼睛，把肚脐当作嘴巴，一手拿着盾牌，一手舞动巨斧，准备跟黄帝再战一次。

此后，他成了一位无头天神。"刑天"就是没有头的意思。这一形象被古代一种叫作"干戚"的舞蹈吸收，"干"就是盾，"戚"就是长斧，实际上就是模仿刑天，体现出一种不屈不挠的战神精神。陶渊明读过《山海经》之后，写下了"刑天舞干戚，猛志固常在"，用这样的语言来赞美刑天。

干是盾，是防御性武器；戚就像一把长柄斧，是进攻性武器。执干戚而舞的舞蹈形式从远古一直流传到今天。

清代吴任臣近文堂图本

清代吴任臣康熙图本

清代《神異典》

086　陪孩子读《山海经》·异人篇

女子国人

nǚ zǐ guó rén

女儿国

《海外西经》

女子国在巫咸北,两女子居,水周之。一曰居一门中。

明代蒋应镐图本

形态 国中都是女人
技能 在黄池里沐浴就能怀孕生子
住址 女子国,巫咸国的北面

清代成或因图本

女子国在巫咸国的北面，这里四周被水环绕着，有两个女子居住在这里。女子国里有一眼神奇的泉水，名字叫黄池。妇人在黄池里沐浴就能怀孕生子。如果生下男孩，这个孩子在三岁的时候就会死去；如果是女孩，她就会长大成人。所以，女子国人都是女人，没有男人。另一种说法认为，那两个女子住在一道门的中间。

《旧唐书》也有关于类似女子国的记载，就是东女国。那里的建筑都是碉楼，女王住九层的碉楼，一般老百姓住四五层的碉楼。女王穿的是青布毛领的绸缎长裙，裙摆拖地，贴着金花。东女国最大的特点是重妇女、轻男人，国王和官吏都是女人，男人不能在朝廷做官，只能在外面服兵役。女王的旨意，通过女官传达到外面。东女国设有女王和副女王，由族群内部推举的有才能的人担当，女王去世后，由副女王继位。一般家庭中也是以女性为主导，不存在夫妻关系。家庭中以母亲为尊，掌管家庭财产的分配，主导家中一切事务。

根据考察，历史上的东女国就处在现在的四川、云南、西藏交界的雅砻（lóng）江和大渡河的支流大金川、小金川一带，这里生活的扎坝人，到现在还保留着东女国母系社会的很多特点。在这里，女性是家庭的中心，掌管财产的分配和其他家庭事务，与东女国相似。有的家庭有30多个人，大家都不结婚，舅舅是家里的男人，母亲是家中的女人，老母亲掌管着家里的一切。扎坝人依然实行走婚，在男女集会的时候，男方如果看上了女方，就从女方身上抢来一样东西，比如手帕、坠子等，如果女方没有要回信物，就表示她也喜欢男方。到了晚上，女方会在窗户边点一盏灯，等待男方出现。他们之间的关系叫作"甲依"，就是伴侣的意思。女方生下小孩后，男方一般不去认养，也不用负任何责任。小孩由女方的家庭来抚养。

> 在中国古典名著《西游记》当中也有类似女子国的描述，就是西梁女国，也叫女儿国。当唐僧师徒四人走到女儿国的时候，发现那里的人穿的都是长裙子、短上衣，还化着妆。不论老人还是年轻人，都是女人，她们正在街上做买卖。女儿国人看到唐僧四人时，都过来围观。一时间，唐僧他们身边的街道被围得水泄不通，很难再往前走。西梁女国的国王对唐僧一见钟情，而唐僧也不小心动了凡心。这一段被视为《西游记》中最为经典的片段之一。

丈夫国人
zhàng fū guó rén
男人邦

《海外西经》

丈夫国在维鸟北,其为人衣冠带剑。

明代蒋应镐图本

形态 衣冠楚楚,身佩宝剑
习性 国民全是男子,没有女人
技能 从自己的身体中分离出两个儿子,儿子一生下来,本人就会立即死去
住址 丈夫国,维鸟栖息地方的北边

丈夫国在维鸟栖息地方的北边，那里的人都穿得很整齐，身上带着宝剑，很有英雄气概。这个国家里的人全都是男人，没有女人。那他们是怎么来的呢？

传说，殷帝太戊曾经派王孟等人到西王母所住的地方寻求长生不死药，他们走到那儿的时候断了粮，不能再往前走了，只好停留在那里。他们饿了就吃野果，冷了用树皮做成衣服。由于随行人员中没有女人，所以每个人一辈子都不娶媳妇。他们繁衍后代的方式也很特别，他们每人从自己的身体中分离出两个儿子，或是从背部的肋骨之间分离出来，所以儿子一生下来，本人就会立即死去。从此以后，这些人和他们的子孙在那里生根繁衍，久而久之便形成了丈夫国。

轩辕国人

xuān yuán guó rén

蛇身长寿人

《海外西经》

轩辕之国在穷山之际,其不寿者八百岁。在女子国北。人面蛇身,尾交首上。

明代蒋应镐图本

- **形态** 人面、蛇身,尾巴盘在头顶上
- **习性** 吃凤凰蛋,喝甘露
- **技能** 长寿
- **住址** 轩辕国,女子国的北边,靠近穷山

在女子国的北边，靠近穷山的地方，有个轩辕国。轩辕国的人都姓姬，这里的人即使是寿命比较短的，也能活到八百岁。轩辕国人有着人的面孔，却长着蛇一样的身子，尾巴盘在头顶上。黄帝就出生在这个地方。

传说轩辕国的人长着人的脸、蛇的身子，尾巴盘结在头上。在轩辕国，鸾鸟每天都在歌唱，凤凰每天都在飞舞，轩辕国的人们，饿了就吃凤凰的卵，渴了就喝清晨散布在叶片上的甘露。吃饱以后，他们就随着鸾鸟的歌声，与凤鸟一起翩翩起舞，希望能和鸾凤一同飞翔。

清代汪绂图本

长股国人

cháng gǔ guó rén

披头散发的长腿人

《海外西经》

长股之国在雒（luò）棠北，被发。一曰长脚。

明代蒋应镐图本

形态 赤裸上身，披头散发，双腿奇长无比
技能 善于捕鱼
住址 长股国，雒棠树的北面

长股国在雒棠树的北面，那里的人都赤裸上身，披散着头发。长股国人擅长捕鱼，他们的身体跟普通人差不多，但他们的双腿奇长无比，可达三丈，行走时就像踩着高跷一样。于是他们就利用自己的优势，和长臂国人相互合作。曾经有人看见，一个长股国人背着一个长臂国人在海里捉鱼。他们根本不用划船，身上的衣服一点也不会被浪花打湿。在长股国的东边有个无启国，这里的人有个很奇怪的现象，他们都不生孩子，也没有男女的区别。他们住在洞穴里，生活非常简单，有时仅靠呼吸空气就能活下来。偶尔，他们也会吃几条小鱼，有时干脆捡一些泥土吃。

他们死后，会被埋到土里。奇怪的是，人虽然已经死了，但是他们的心脏却还一直跳着，尸体也不会腐烂。等到一百年（也有说一百二十年）以后，他们又会复活，从泥土里爬出来，重新享受人生的快乐。所以在他们看来，死亡就好像是睡大觉。就这样周而复始，延续不断。所以，这里的人虽然没有后代，家族却依然人丁兴旺。

清代吴任臣乾隆图本

清代成或因图本

清代毕沅图本

096　陪孩子读《山海经》·异人篇

一目国人
yī mù guó rén

只有一只眼睛的人

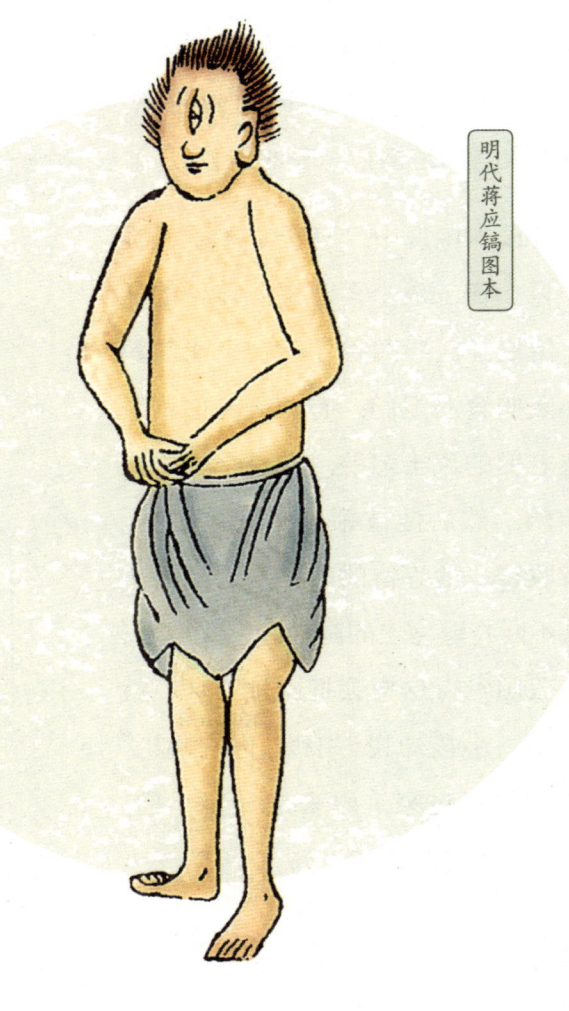

明代蒋应镐图本

《海外北经》

一目国在其东,一目中其面而居。

《海内北经》

鬼国在贰负之尸北,为物人面而一目。

《大荒北经》

有人一目,当面中生。一曰是威姓,少昊之子,食黍。

形态　单眼,光着身子,系着一条围腰
住址　一目国,钟山的东边

一目国在钟山的东边，这个国家的人相貌很奇特，脸的正中央只有一只竖着长的眼睛。他们还光着身子，系着一条围腰。另一种说法认为，他们的那只眼睛是横着的，像普通人一样，也有手有脚。在不同的画当中，一目国人有的是横目，有的是竖目。

在日本传说中，有一个单眼妖怪叫一目小僧，是个喜欢搞恶作剧的妖怪。传说，江户四谷住着一个卖鹌鹑的小贩叫喜右卫门，有一天，他路过一座老旧的武士宅院，有一个人出来买鹌鹑，然后他被领进一间屋子里，等着收钱。他等待的时候，看到一个小孩不断将壁龛上的画轴卷起又放下。喜右卫门觉得这样会把画轴弄坏，就责备他。小孩却说："闭上你的嘴！"说着把脸扭过来，原来是一目小僧，喜右卫门当场吓昏了过去。

> 民族学专家认为，竖目和横目象征着人类文化发展的两个不同阶段。陕西省神木市的石峁（mǎo）遗址中，出土了一件小玉人，只有掌心大小，上面刻了一个只有一只眼睛的人，与这里所说的"一目国人"十分相似。

清代汪绂图本

清代吴任臣乾隆图本

098　陪孩子读《山海经》·异人篇

清代《边裔典》中的鬼国人即为一目国人

深目国人
shēn mù guó rén

总是举起一只手吃鱼的人

《海外西经》

深目国在其东,为人深目,举一手。一曰在共工台东。

明代蒋应镐图本

形态 举起一只手,在吃鱼
住址 深目国,共工台的东面

深目国在相柳氏所在地的东面，也在共工台的东面。那里的人总是举起一只手在吃鱼。

深目国人很有可能是胡人，或者是南方的少数民族。因为从他们的外形来看，之所以说他们"深目"，有可能是因为他们的五官过于立体，才会给人这样的感觉。

清代《边裔典》

聂耳国人

niè ěr guó rén

能驱使老虎的人

《海外北经》

聂耳之国在无肠国东，使两文虎，为人两手聂其耳。县居海水中，及水所出入奇物。两虎在其东。

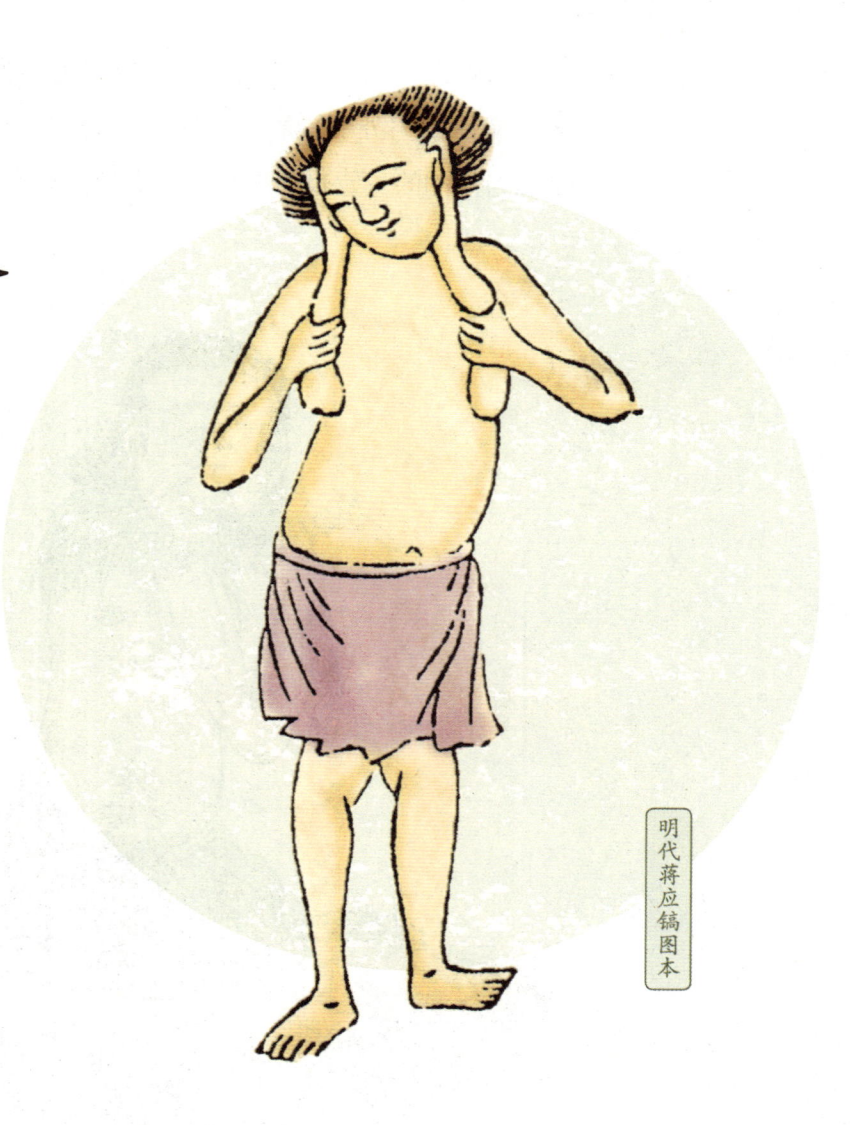

明代蒋应镐图本

形态 驾着两只花斑虎，行走的时候用手托着大耳朵
住址 聂耳国，无肠国的东面

在无肠国的东面，有一个国家叫聂耳国。这里的人们住在一个孤岛上，周围都是海水。所以，他们能看到出入海水的各种怪物。

聂耳国人出行的时候经常驾着两只花斑虎，行走的时候则用手托着大耳朵。清代小说《镜花缘》中也提到了聂耳国，书中诙谐幽默地描写了聂耳国人的特征，说他们的身形、体貌和平常的人没有差异，就是耳朵垂到了腰部，走路的时候要用双手捧着耳朵才能前行。

> 聂耳国人出行的时候都有两只花斑虎做座驾。和龙一样，用虎做仆人或坐骑，是主人不平凡身份的象征。

清代吴任臣乾隆图本

清代汪绂图本

跂(qǐ)踵(zhǒng)国(guó)人(rén)

走路脚跟不着地的人

《海外北经》

跂踵国在拘瘿(yǐng)东，其为人两足皆支，一曰大踵，一曰反踵。

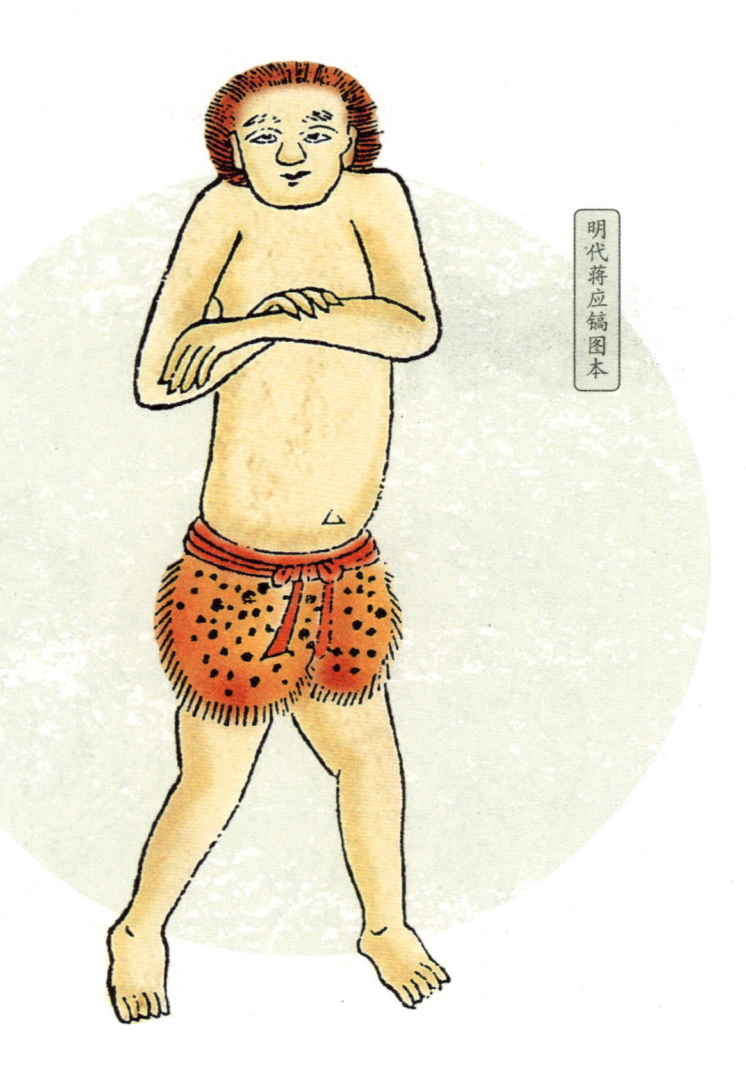

明代蒋应镐图本

形态 身材都很高大，两只脚也很大，反向生长在腿上
习性 用脚趾走路
住址 跂踵国，拘瘿国的东面

跂踵国在拘瘿国的东面，这个国家的人身材都很高大。他们只用脚趾头走路，脚跟不着地，看起来轻手轻脚的样子，所以称为跂踵，也叫跛踵、支踵。跂踵国人的脚很大，而且是反向生长在腿上。如果他们往南走，留下的足迹就会向着北方，所以又称反踵。他们所在的国家也叫反踵国。

《镜花缘》中写到一个关于跂踵国的故事。唐敖等人到了跂踵国，发现有几个人在海边取鱼。这些人一个个身长八尺，身宽也是八尺，竟是一个方人。他们长着红头发，乱糟糟的。他们行动的时候用脚趾走路，脚跟并不着地，一步三摇，斯斯文文，有"宁可湿衣，不可乱步"的样子。

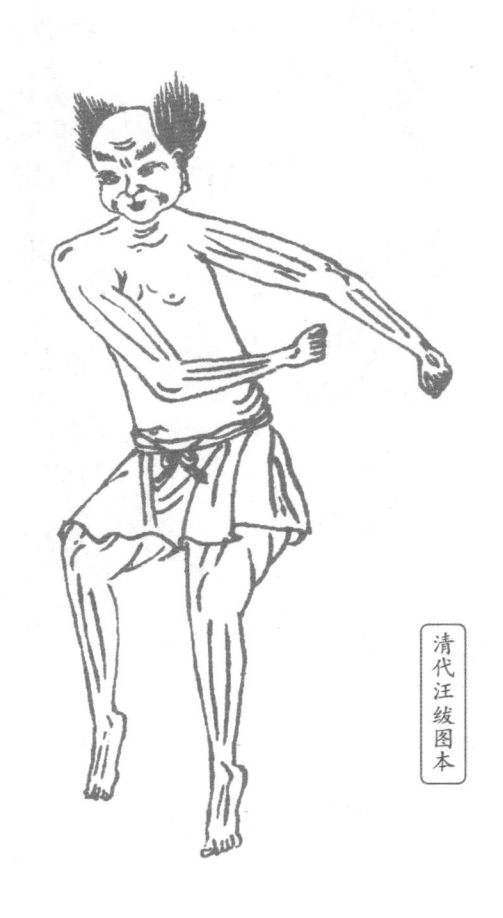

清代汪绂图本

蚕神

cán shén

会吐丝的女神

《海外北经》

欧丝之野在反踵东，一女子跪据树欧丝。

三桑无枝，在欧丝东，其木长百仞，无枝。

明代木刻插画摹本

形态 跪倚着一棵桑树吐丝
住址 欧丝之野，跂踵国以东

扫码听故事

106　陪孩子读《山海经》· 异人篇

欧丝之野在跂踵国以东。在欧丝之野的东面，有三棵桑树。这三棵桑树虽然高达一百多米，却不长树枝，只有光秃秃的树干。树的旁边有一个女子，她正跪在地上，靠着一棵桑树吐丝。

关于这个女子和这三棵桑树，曾经流传着这样一个传说。黄帝打败蚩尤以后非常高兴，大摆庆功宴，还命令乐官演奏乐曲，有的战士还随着音乐跳起了雄壮威武的舞蹈。就在大家正高兴的时候，天上突然降下一位女子，手里拿着两捆细丝，一捆颜色像金子一样灿烂，一捆颜色像白银一样耀眼。这位女子说自己是蚕神，特地赶来把精美的蚕丝献给黄帝，作为庆功宴上的贺礼。

这位蚕神非常美丽，唯一让人觉得奇怪的是，她身上披着一张白色的马皮。这张马皮就好像包裹在她身上一样，根本取不下来。如果她把马皮左右收拢一些，整个身体就会被马皮包围，继而与马皮合为一体，变成一条白色的虫。这条白色的虫长着马一样的头，在地上不停地蠕动。

蚕神说，她住在北方的荒野上，她的东边有三棵高达一百多米、只有主干的大桑树。她常常趴在一棵树上吃桑叶，然后从嘴里吐出闪光的蚕丝。用这些丝织成美丽的丝绸，就可以给人做衣裳了。因为她日日吐丝，所以她居住的荒野就被叫作欧丝之野。黄帝听了很赞赏蚕神，就请她教女人们制作蚕丝。

黄帝的妻子嫘祖也亲自培育幼蚕，并在百姓中推广这种技术。从此，中华大地就有了美丽的丝织品，中国也就成了丝绸的故乡。

这位蚕神从何而来，又为何身披马皮呢？原来在上古时期，有一个美丽的女孩，她的父亲被强盗掠走，只剩下母亲和她相依为命。家里有一匹白马，曾经是她父亲的坐骑。女孩每天精心喂养这匹白马，所以，白马渐渐对她产生了感情。女孩的母亲自从丈夫被掠走之后，每天都很牵挂他，看到丈夫以前的坐骑，就更想他了。女孩的母亲对马说："白马啊！假如你能去把我丈夫接回来，我一定将我女儿许配给你做妻子。"

白马听到这句话，竟然挣脱缰绳，像风一样飞奔出去。经历了很多艰险，几天之后，白马终于找到了女孩的父亲，它回头看看来时的路，发出悲鸣。父亲见到白马又惊又喜，顾不上心里的疑惑，骑上它就回到了家里。

见到女孩的父亲被救了回来，一家人都很高兴。没想到这匹白马这么通人性，所以家里人对它比以往更好了，总是用最好的草料来喂它，但是这马就是不肯吃，每次看见女孩进出院子的时候，都会又叫又跳。

女孩的父亲看到这种情况之后，觉得非常奇怪。他私下问妻子，妻子只好将她对马说的话告诉了丈夫。丈夫听了之后十分恼怒："人和牲畜怎么能结婚呢？"他虽然很感激这匹白马的救命之恩，但无论如何，他也不能将女儿许配给马，让家人蒙受耻辱。他把女儿锁在房间里，不让她出门。白马看不到女孩，脾气比以前更加暴躁，每天叫个不停。

为了避免白马在家里长期作怪，女孩的父亲在院子里设下埋伏，用弓箭把它射死了，还把马皮剥下来，晾在院子中的树枝上。一天，女孩的父亲有事出门了，女孩在院子里玩耍时看见了马皮。女孩心怀怨恨，把马皮从树上扯下来，踩在脚底，骂它说："你本来是个畜生，为什么想娶人做妻子呢？现在招来这样的屠杀，为何这样自找苦吃……"话音未落，那马皮突然从地上跳起来，包裹在女孩身上，然后飞快地往门外跑去，转眼间就消失了。女孩的母亲看到这一情景惊呆了，回过神之后才意识到女儿不见了。虽然她拼命追赶，但哪里还有女儿的影子！一直等到丈夫回来，她才将这件事告诉了他。

女孩的父亲听到这话十分诧异，就开始四处寻找，最后在一棵大树的枝叶间发现了女儿。她已经变成了一条蠕蠕而动的虫，慢慢摇动着她那马一样的头。由于她会从嘴里吐出细丝来，长长的、洁白的、闪光的细丝，缠绕在自己身体周围，于是人们把她叫作"蚕"。因为这个女孩在这里丧失了年轻的生命，所以人们又把这棵树叫作"桑"。这个女孩后来居住在欧丝之野，成为蚕神。那马皮也一直披在她身上，和她永不分离。

> 蚕神，在古代有蚕女、蚕花娘娘、蚕丝仙姑等多种不同的称呼，是民间信奉的司蚕桑之神。中国是最早发明种桑养蚕的国家。在古代，男耕女织，蚕桑在生活中占有重要地位，所以无论是古代统治阶级还是普通劳动人民，都对蚕神有着很高的敬意。蚕农们还会对蚕神进行祭祀，并衍生出许多风俗，例如接蚕花、蚕花水会、踏白船、请蚕花、做蚕圆、祭蚕虫等，都有非常鲜明的风俗特点。

东汉画像石拓本《纺织图》

禺彊 yú qiáng

身上挂着青蛇的人面鸟身神

《海外北经》

北方禺彊，人面鸟身，珥两青蛇，践两青蛇。

明代蒋应镐图本

形态 长着人的面孔和鸟的身子，耳朵上穿挂着两条青蛇，脚底下还踩着两条青蛇

技能 在海天之间遨游，掌管冬季

北方的神名字叫禺彊，他是黄帝的孙子，东海海神禺虢（guó）的儿子。他长着人的面孔和鸟的身子，耳朵上挂着两条青蛇，脚底下还踩着两条青蛇，威风凛凛地在海天之间遨游。禺彊，字玄冥，是颛顼的得力助手，他和颛顼共同管理着北方极地一万二千里的地域。他还是北海海神、北风风神，掌管着冬季。

禺彊有两种形象：当他是风神的时候，他的身子像鸟，脚下踩着两条青蛇，带来寒冷的风；当他是北海海神的时候，他的身子像鱼，但有手有足，驾驭着两条龙。

明代蒋应镐图本

楚帛书十二月神图

清代萧云从《离骚图》

大人国人
头发像雪的巨人

dà rén guó rén

《海外东经》

大人国在其北，为人大，坐而削船。一曰在𳐰(jiē)丘北。

清代《边裔典》

形态　一出生头发就白得像雪，身材比一般人高大很多
习性　能够腾云驾雾飞行，却不会走路
技能　擅长撑船，会制造木船
住址　大人国，狄山的北面

大人国在狄山的北面。大人国人在胎儿时期，在母亲的肚子里待的时间特别长，要待够三十六个年头才出生。他们一出生，头发就已经白得像雪了，而且他们的身材很高大，像巨人一样。据说，大人国人能够腾云驾雾，但不会走路，因为他们是龙的后代。大人国人还擅长撑船，也有人说他们会制造木船。

《国语·鲁语》中说：防风是防风国的君主，这个国家的人在夏商时期称为汪芒氏，在周朝时称为长狄，现在称为大人。大人的身高大约有三丈，十分惊人。据说防风被杀后，单是他的一节骨头，就要用一整辆车运送。

《春秋·文公十一年》中说：长狄有兄弟三个人，都十分厉害，用瓦砾、石头都不能伤害他们。有一个擅长射箭的人，射中了他们的眼睛，他们的身子倒下后，有九亩地那么大。《神异经·东南荒经》也记载了一对"并高千里"的朴父夫妇。这些都是有关大人国的记载。

传说，上古时期，大禹一行人曾经到过大人国。他们看到了十分高大的房屋，集市上人来人往、十分繁盛。这里的人不仅长得高大无比，而且个个都是白发满头。更奇怪的是：这些巨人看见大禹他们，却并不理睬。

大禹这些人在巨人跟前显得特别弱小，他们说话巨人们也听不见。于是，他们找到了一个蹲在地上的商人，问道："这里是大人国吗？"商人虽然蹲在那里，但是还要比大禹等人高出许多。他看见大禹等过来问他，就把身子又俯低一些，答道："我们这里是大人国，你们是来买东西的吗？"大禹连声答道："不是，不是。我们是从中华万里浮海而来，经过你们这里，想要考察一下这里的风俗，可以吗？"那商人回答说："我们大人和你们这般小人说话，真的是很吃力。前几年，几个邻国人到了这里，我们为了尽地主之谊，很热情地招呼他们。然而，我们弯腰曲背地招待他们，一天下来个个腰酸背痛的，感觉很累。后来我们决定，不论是哪个国家的人来，我们都不再招待他们了，但是他们可以在这里任意游玩。你今天跟我交谈，一两个问题可以答复你，多了恕不奉陪。"

大禹听了以后，只能选择最想知道的问题。他说："你们这里的人多是老人家，没有少年，是什么原因呢？"那人回答说："这个我也不知道什么原因。不过，我们这里从原来的就是这样。听老辈人说，他们到别国去考察过，别国的人在母亲肚子里不到十个月就生产了，我们这里的人却要经过三十六年才能生产，或者是这个原因吧。"

说到这里，有人向商人买东西，他就站起来了，变得高不可攀，大禹等人再问他，他也不回答了。大禹他们没办法，只能离开了。

清代汪绂图本

黑齿国人

hēi chǐ guó rén

牙齿漆黑的人

清代汪绂图本

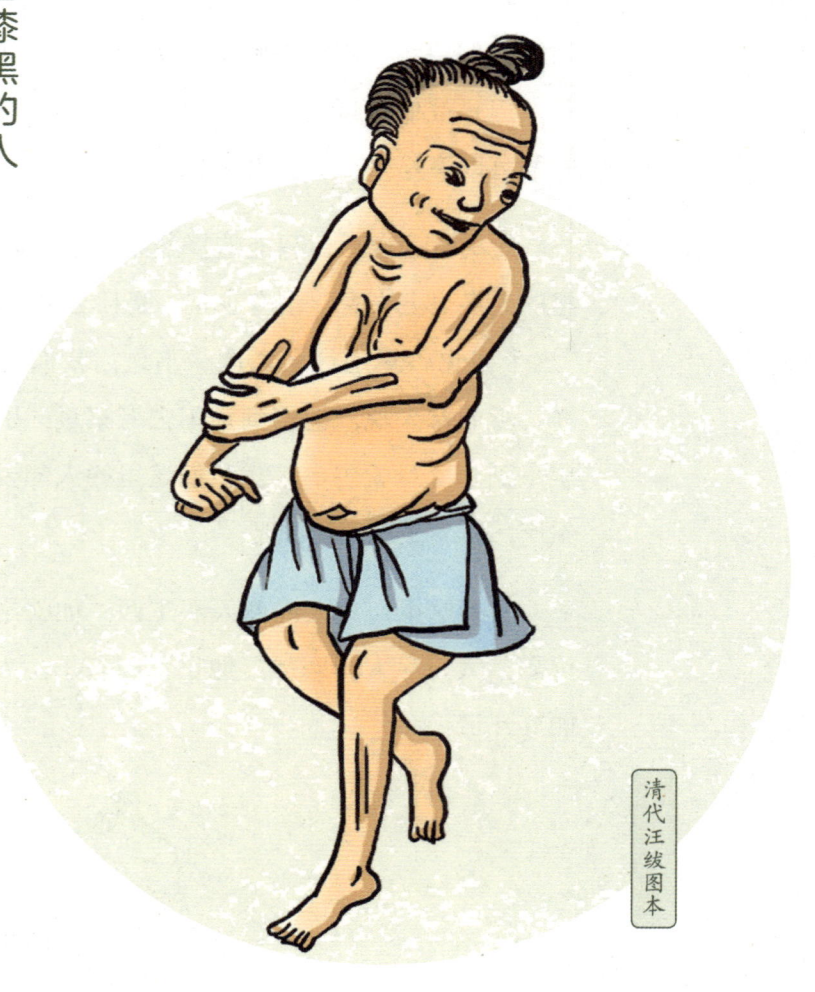

《大荒东经》

有黑齿之国。帝俊生黑齿，姜姓，黍食，使四鸟。

《海外东经》

黑齿国在其北，为人黑，食稻啖蛇，一赤一青，在其旁。一曰在竖亥北，为人黑首，食稻使蛇，其一蛇赤。

形态 牙齿的颜色漆黑，身上都围着一条红蛇和一条青蛇
习性 把稻米当粮食，把蛇当作辅助食物
技能 使唤蛇
住址 黑齿国，狄山的北面

黑齿国在狄山的北面，这个国家的人喜欢用一种草把牙齿染黑，所以他们牙齿的颜色都是漆黑的。他们把稻米当粮食，把蛇当作辅助食物。黑齿国的居民都会使唤蛇，每个人身上都围着一条红蛇和一条青蛇。

另一种说法是黑齿国在竖亥所在之地的北面，那里的人脑袋是黑色的，把稻米当粮食，能使唤蛇，但他们身边只有一条红蛇。

唐朝初期，有一个原籍黑齿国的人，他就是左武卫大将军黑齿常元。因为他的功劳很大，所以被封为燕国公。曾经，突厥人看到黑齿常元就很害怕。后来，他死在了武则天所培养的酷吏手中。黑齿常元的后代以祖上为荣，就用"黑齿"作为他们的姓氏，后来又简化为黑氏、齿氏；还有用先祖的名字作为姓氏，称为常氏。

李汝珍的小说《镜花缘》中也有黑齿国人，他们全身都像墨一样黑，连牙齿都是黑的，在红色嘴唇、眉毛和红色衣服的衬托下，显得更黑了。

> 在古代日本，女人以黑齿为美。明治维新之前的一段时间，一口黑得发亮的牙齿在当时的贵族中非常流行，黑齿成为社会的风俗。《源氏物语》中记载，紫姬在小的时候并没有染牙齿，被源氏收养后，是姥姥帮她染了黑牙，才使她看上去"更美了"。此外，《枕草子》《紫式部日记》等作品中也都记载了当时贵族有染黑齿的习俗。

雨师妾国

yǔ shī qiè guó

身上挂蛇的黑人

《海外东经》

雨师妾（国）在其北，其为人黑，两手各操一蛇，左耳有青蛇，右耳有赤蛇。一日在十日北，为人黑身人面，各操一龟。

清代汪绂图本

形态 浑身漆黑，两只手里各握一条蛇，左边的耳朵上挂着一条青蛇，右边的耳朵上挂着一条红蛇

住址 雨师妾国，狄山的北面

雨师妾国在狄山的北面。那里的人浑身漆黑，两只手里各握一条蛇，左边的耳朵上挂着一条青蛇，右边的耳朵上挂着一条红蛇。还有一种说法，雨师妾国在十个太阳所在地的北面。那里的人都长着一张人脸，他们全身都是黑色的，两只手各拿着一只灵龟。

传说，雨师妾是雨师的小妾，一个统领蛇族的女巫，长着人脸，身子却像野兽，光着身子。蛇是她作法布雨的巫具和标志。

清代吴任臣近文堂图本

毛民国人
máo míng guó rén

像熊一样的黑毛人

《海外东经》

毛民之国在其北，为人身生毛。一曰在玄股北。

《大荒北经》

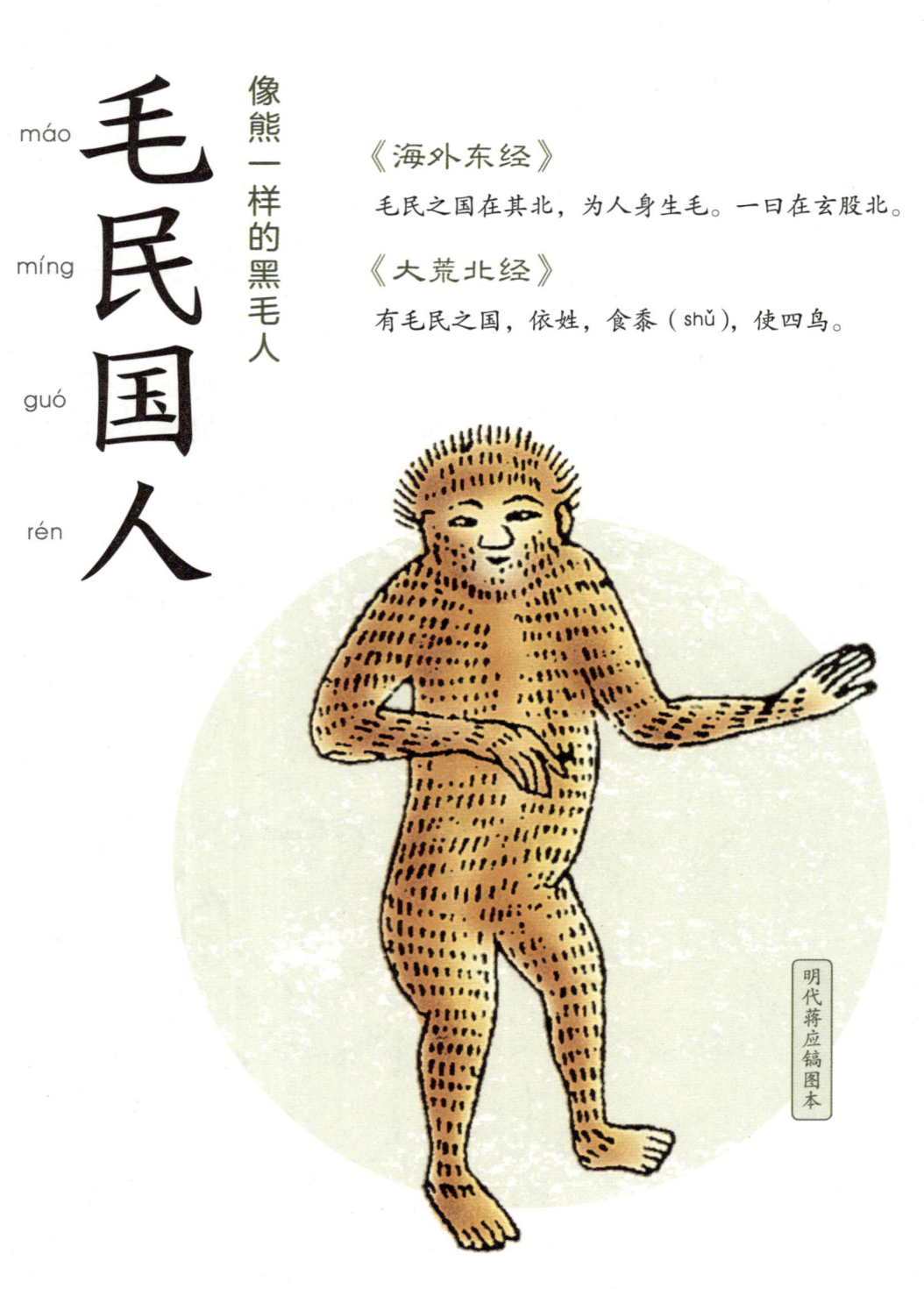

有毛民之国，依姓，食黍（shǔ），使四鸟。

明代蒋应镐图本

形态 身材矮小，样子像熊一样；浑身长满了长长的黑毛，像箭头一样坚硬
习性 不穿衣服，居住在山洞里
住址 毛民国，狄山的北面，也可能在玄股国的北面

清代吴任臣乾隆图本

毛民国在狄山的北面，也可能在玄股国的北面。这个国家的人身材矮小，样子像熊一样。他们浑身长满了长长的黑毛，像箭头一样坚硬。这里所有的人都不穿衣服，居住在山洞里。

东晋年间，吴郡管理盐务的都尉叫戴逢，他在海中航行时遇到一条小船。这艘船上有四个人，他们都身材矮小，浑身长着硬毛，就像豪猪一样。因为语言不通，戴逢就打算把他们送到丞相府，不过在半路上，四个人死了三个，最后只剩一个男的还活着。当地官府赐给他一个女人，让他们成亲，后来他们还生了一个儿子。他在中原住了很多年后，才渐渐能听懂他人说话。他经常跟别人说，他是来自毛民国的人。

明代胡文焕图本

清代汪绂图本

劳民国人

láo mín guó rén

长寿黑人

《海外东经》

劳民国在其北,其为人黑,食果草实。有一鸟两头。或曰教民。一曰在毛民北,为人面目手足尽黑。

清代《边裔典》

形态 浑身上下都是黑色的
习性 吃野果、野草
技能 长寿
住址 劳民国,狄山的北面

劳民国在狄山的北面。这个国家的人浑身上下都是黑色的，就像雨师妾国人一样。他们采集野果、野草吃。他们每个人身边都有一只鸟，供他们召唤。这种鸟只有一个身子，却长着两个头。有的人把劳民国叫作教民国。还有一种说法是劳民国在毛民国的北面，那里的人脸面、眼睛、手脚全是黑的。

《镜花缘》中也有对劳民国的描述，书里说劳民国人的脸像墨一样黑，他们的身子始终摇摆。当地人都说，劳民国的人都很长寿，如果考虑的事情太多就会短命，所以他们虽然每天忙忙碌碌的，但只是在劳动筋骨，并不操心。他们平时只吃水果，所以大多数人都很长寿。

> 据《山海经》中的记载，在中国古代曾经长期居住着若干黑人部落，他们分别是厌火国人、不死民、雨师妾、劳民国人、黑人。

枭阳国人

xiāo yáng guó rén

嘴唇能遮住额头的黑毛人

《海内南经》

枭阳国在北朐（qú）之西。其为人人面长唇，黑身有毛，反踵，见人笑亦笑，左手操管。

明代《边裔典》

形态　嘴唇很大，遮住了额头，浑身漆黑，身上还长有长毛，脚也是反着长的
爱好　玩竹筒
习性　一看见人就开口笑，怕火燃烧的声音
技能　抓人、吃人
住址　枭阳国，北朐国的西面

124　陪孩子读《山海经》·异人篇

枭阳国在北朐国的西面。这个国家的人，脸跟普通人没什么区别，但嘴唇却长得很大。据说，他们的嘴唇大到能遮住额头，导致他们有时候都看不见东西。他们浑身漆黑，身上还长有长毛，脚也是反着长的，脚跟在前，脚尖在后。他们一看见人就开口大笑，左手还握着一个竹筒。

枭阳国人是介于人和兽之间的一种野人，是传说中的山精。他们性情残暴，不但不怕人，还喜欢抓人。他们抓到人以后，就张开大嘴，把嘴唇翻过去盖到额头上，嗷嗷大笑，等笑够了才动手吃人。聪明的人想出了一种办法来对付枭阳国人：把两只竹筒套在手臂上，等被枭阳国人捉住，正要开口吃人的时候，迅速从竹筒中抽出双手，并用随身携带的尖刀，把枭阳国人的嘴唇固定在他的额头上。他们的眼睛看不见东西，只能束手就擒。被捉住后，他们的手中还莫名其妙地抓着那两只竹筒。枭阳国人还害怕火的噼啪声，所以古人进山时往往会带上爆竹，来吓跑他们。

清代吴任臣近文堂图本

清代汪绂图本

氐人国人

dǐ rén guó rén

美人鱼

《海内南经》

氐人国在建木西,其为人人面而鱼身,无足。

明代蒋应镐图本

形态 人脸、鱼身
技能 能够在天地之间往返
住址 建木所在地方的西面

126　陪孩子读《山海经》·异人篇

氐人国在建木所在地方的西面。这个国家里的人都长着人的面孔、鱼的身体。他们胸部以上是人，胸部以下是鱼；他们只有鱼尾但没有脚。相传，氐人国人是炎帝的后代，所以他们有些神通，能够在天地之间往返。

传说，大禹治水勘察黄河的时候，曾经看见水里有一个巨人，那人对大禹说，他就是黄河的河神。他的样子和氐人国人特别相似，长着白色的面孔和鱼的身子。

氐人国人的祖先，就是灵恝（jiá），这在《大荒西经》中有所记载。灵恝是炎帝的孙子，他生来面相就很奇怪，长着人的头、蛇的身子。他从小就有神力，能沿着天梯，在天上和人间来去自如。灵恝生了氐人，后来就有了氐人国。

> 在日本文化传统中，一直都有人鱼的形象，但是日本的人鱼和"美"却没有什么关系。因为日本历史上的人鱼都很丑，甚至恐怖到令人发狂。

清代吴任臣近文堂图本

清代汪绂图本

贰负臣危

èr fù chén wēi

喜欢杀戮的人面蛇身神

《海内西经》

贰负之臣曰危，危与贰负杀窫（yà）窳（yǔ）。帝乃梏之疏属之山，桎其右足，反缚两手与发，系之山上木。在开题西北。

明代蒋应镐图本

形态 人面蛇身
爱好 杀戮
住址 疏属山，开题国的西北面

贰负是古代神话传说中的神。他人面蛇身，是人蛇合体的图腾。他是古代跑得最快的神人，喜欢杀戮。后来，贰负成为武官的象征。

贰负神的臣子叫危，贰负神和危合伙杀死了另一个人面蛇身的天神窫窳。实际上，窫窳并没有犯很大错误，这让黄帝十分恼怒。于是，黄帝把贰负和危拘禁在疏属山里，并给他们的右脚戴上枷锁，还用他们自己的头发反绑住他们的双手，拴在山中的大树下。这个地方就在开题国的西北面。

几千年后，西汉的宣帝命人开凿上郡的发盘石。结果，有人在发盘石下发现一个石室，里面有两个人，全都没穿衣服，被反绑着，一只脚上还戴着枷锁。当时的人们不认识他们，便将他们用车

清代吴任臣近文堂图本

运到长安。奇怪的是，这两个人在路上变成了石头人，不会动也不会说话。宣帝觉得奇怪，就把大臣叫过来询问，结果没有一个人知道这是怎么回事。后来，刘向告诉宣帝："这是贰负神和他的臣子危，他们犯了杀神的大罪，但黄帝不忍心杀死他们，就把他们流放到了疏属山，还给他们套上了枷锁。黄帝认为，如果后世有圣明的君主出现，他们就会被放出来。"宣帝不相信刘向的话，认为他是在妖言惑众，要把他关进监狱。这时候，刘向的儿子刘歆站出来解救他的父亲，说："如果用少女的乳汁喂他们，他们就会复活。"宣帝就命人给这两个石人喂少女的乳汁，结果他们果然复活了，也能说话了。于是，宣帝问其来历，他们的回答和刘向所说的一模一样。宣帝龙颜大悦，封刘向为大中大夫，封刘歆为宗正卿。

清代汪绂图本

明代蒋应镐图本

离朱 lí zhū

三头人

明代蒋应镐图本

《海外北经》

务隅之山,帝颛顼葬于阳,九嫔葬于阴。一曰爰有熊、罴(pí)、文虎、离朱、鸱久、视肉。

《海内西经》

开明北有视肉、珠树、文玉树、玗(yú)琪树、不死树。凤皇、鸾鸟皆戴瞂(fá)。又有离朱、木禾、柏树、甘水、圣木曼兑,一曰挺木牙交。

形态 长着三个头
职能 看护琅玕树
住址 昆仑山服常树

昆仑山上有一种神树，名叫服常树，它上面有个长着三颗头的人，名字叫离朱。他静静地看着那棵就在附近的琅玕树。琅玕树是种奇树，它的树身伟岸，枝头上结着类似珠玉的果实，名叫琅玕，是凤凰的食物。

离朱眼睛非常好使，又因为琅玕树异常珍贵，所以黄帝派他日夜守护。他忠于职守，每天都用三个头上的六只眼睛轮流看守，一刻不敢疏忽。每当凤凰飞来，他就采下琅玕，递给凤凰吃。

山东武氏祠汉画石像上的三头人，很可能就是神话当中的离朱。三头人实际上是三身连体人，两个人的下身相连，在连接的地方长出第三个身体。

犬封国人
quǎn fēng guó rén

像狗一样的人

《海内北经》

犬封国曰犬戎国，状如犬。有一女子，方跪进杯食。

明代蒋应镐图本

形态 男人个个长得像狗，身穿长袍；女子都长得很美，长发披肩，穿着短衣短裤
习俗 男子的地位很高
住址 犬封国

扫码听故事

犬封国也叫犬戎国，那里的男人个个长得像狗，身穿长袍，像人一样坐在地上；而女子都长得很美，长发披肩，穿着短衣短裤。她们要跪在地上捧着酒食向自己的丈夫进献，而且得低眉顺眼，不敢抬头仰视。

相传，犬封国的祖先是一条神狗，名叫盘瓠（hù）。它的来历很神奇。传说，高辛氏帝喾（kù）在位的时候，他的夫人耳朵疼，疼了整整三年，访遍天下名医也没有好转。后来有一天，她忽然从耳朵里面挑出一条金虫，像蚕茧那么大。原来，就是这条虫子在夫人的耳朵里作怪。

帝喾的夫人把这条虫放到瓠里，又用盘子盖着。不久，这条虫变成了一条狗，从瓠中跳了出来，它浑身五彩斑斓，十分漂亮。因为它是从盘子和瓠里面跳出来的，因此帝喾就给它取名为盘瓠。帝喾十分喜欢这条狗，经常把它带在身边，寸步不离。

后来，有个叫房王的诸侯发起叛乱，帝喾很担心国家的存亡，便招募天下的勇士，并发出悬赏令："如果有人能够砍下房王的首级，我将赐给他一千两黄金，还会赏赐给他美人。"大家看到房王兵强马壮，都认为自己很难获胜，过了很久也没有人接受这个任务。

有一天，盘瓠突然失踪了。帝喾派人到处找，还是没有看到它的影子。三天之后，盘瓠突然出现，还带着房王的首级。帝喾特别高兴，盘瓠杀了房王的消息也不胫而走，大家都很震惊。

苗族剪纸

畲族祖图《盘瓠国》

136　陪孩子读《山海经》·异人篇

原来盘瓠独自去了房王的营帐，房王看到它之后十分高兴，说："高辛氏将要亡国了！连他的狗都抛弃主人来投靠我，我一定能成功！"于是便大摆酒宴，庆祝这条神狗加入他们的队伍。那天晚上房王喝得酩酊大醉，回到营帐里就睡着了。盘瓠趁着这个机会，咬断了房王的脖子，取下首级，然后一路奔回主人的身边。

帝喾见这条狗竟然如此神勇，赏赐给它很多美食，可它不吃也不喝，变得郁郁寡欢。一天，帝喾叫它，它也不回应了。帝喾问它："你为什么既不吃东西，叫你也不起来呢？难道是怨我没有赏赐你吗？我现在就兑现我的诺言，赏你黄金、美女，好不好？"盘瓠听到这句话，立即跳了起来。于是，帝喾就封盘瓠为桂林侯，赏赐给他五个美女，享受桂林一千户的供奉。

后来，盘瓠生了三个男孩、六个女孩。这些孩子出生的时候，虽然外表看起来像人，但都长着犬一样的尾巴。他们的后代子孙很多，被称为犬戎之国。又因为盘瓠是以犬的身份获得封赏的，所以犬戎国又叫犬封国。在这个国家中，如果生了男孩必定是狗的样子，而生了女孩长大后就会变成美人。这个国家男子的地位很高，吃饭的时候，妻子都要跪在地上，手捧食物向丈夫进献。

> 畲族将盘瓠奉为祖先，畲族祖图《盘瓠图》用叙事的手法描绘了盘瓠从出生到智取房王首级，再到娶妻繁衍犬戎国的过程。

戎国人

róng guó rén

头上有三只角的奇人

《海内北经》
戎，其为人，人首三角。

明代蒋应镐图本

形态 长着人的头，头上还长有三只角，赤身裸足，腰间围着毛皮
住址 崇山峻岭中

扫码听故事

戎是古代的一个族群，后来成为古代少数民族的泛称，人们把居住在西部的少数民族称为西戎。戎国人长着人的头，头上还长有三只角。他们平时不穿衣服、鞋子，只在腰间围着一条毛皮，生活在崇山峻岭中。传说，戎国又叫离戎国。

神话中的戎，脑袋上长有三只角，看着非常奇怪，但这是一种非常普遍的习俗。古代民族在驱傩（nuó）送鬼的时候，在头上或帽子上都会加上动物的角做装饰，特别是使用"三"这个数字，包含着原始信仰的含义。

清代汪绂图本

冰夷神

bīng yí shén

人脸鱼身的河伯

《海内北经》

冰夷，人面，乘两龙。
一曰忠极之渊。

明代蒋应镐图本

形态 长着一张人脸，身子却像鱼，经常乘着两条龙
习性 浪荡风流
技能 治理黄河，不使黄河发大水
住址 忠极之渊

扫码听故事

忠极之渊有三百仞深，是冰夷神常常乘龙出游的地方。忠极之渊又叫作从极之渊。冰夷又名冯夷、无夷，他就是河伯。据说冰夷神长着一张人脸，身子却像鱼，他经常乘着两条龙，巡游在天地江河之间。

古时候，在华阴潼乡有个叫冯夷的人，他一心想成仙，于是就到处去找水仙花。当时，黄河还没有固定的水道，有一次，他走到河中间的时候，河水突然涨了，于是他被活活淹死了。

明代蒋应镐图本

清代萧云从《天问图》

142　陪孩子读《山海经》·异人篇

冯夷因此恨透了黄河，他到玉帝那里去告状。玉帝听说黄河到处危害百姓，心里很是恼火。他见冯夷坚持喝水仙花的汁液已经九十九天，也该成仙了，便让冯夷去当黄河水神，治理黄河。但是冯夷浪荡风流，他要求人们每次祭祀他的时候都要给他敬献一位美女，这样他才保佑人们，来年不使黄河发大水。

英雄后羿听说河伯竟向人间索要美女，还经常在人渡河的时候把人拉下水溺死。于是，后羿下决心要除掉河伯。他在水边等了几天几夜，终于有一天，他看到河伯化身为白龙，在水边玩，于是，后羿一箭射中了白龙的右眼。

河伯痛不欲生，便上天面见天帝，说："请天帝为我报仇，杀掉后羿！"天帝问他："你为什么被他射到了呢？"河伯回答说："我当时变成白龙出水游玩，正好被他看到。"天帝便批评河伯说："如果你安分守己待在你的深渊中，后羿如何能射到你？现在你浮出水面，就跟虫蛇鸟兽一样，他射你也是应该的。他有什么罪呢？"河伯无言以对，只得作罢。

> 画面中的白龙为河伯所化，他因为作恶多端，被后羿一箭射中右眼。

王子夜尸

wáng zǐ yè shī

全身散落各地的尸体

《海内北经》

王子夜之尸,两手、两股、胸、首、齿,皆断异处。

清代萧云从《天问图》

形态 两只手、两条腿,他的胸脯、脑袋、牙齿都分散在不同的地方
职能 畜牧之神

王子夜的尸体，两只手、两条腿，他的胸脯、脑袋、牙齿都分散在不同的地方。传说这里的王子夜就是王亥，他是管理人间畜牧的神。有一天，他在诸侯国有易做客的时候，有易的王妃爱上了他，结果两人发生了淫乱之事。有易的君主绵臣十分生气，就把他给杀了。绵臣还将王亥的尸首肢解，分散到各地，情景惨不忍睹。后来殷商君主上甲微为王亥报仇，灭掉了有易国，杀死了国君绵臣。

> 原始时期的乐舞与先民的狩猎、畜牧、耕种、战争等多方面的生活有关，人们常把自己打扮成狩猎的对象或氏族的图腾，后来这种舞蹈被用于王侯贵族酒席间的助兴表演。王亥的惨剧也是从宴会乐舞开始的。酒席间，他双手持盾起舞，舞得十分精彩，结果竟引起了绵臣妻子的爱慕，也招来了杀身之祸。

列姑射山神仙
肌肤雪白的神仙

《海内北经》
列姑射在海河州中。
射姑国在海中，属列姑射。西南，山环之。

明代蒋应镐图本

- **形态** 肌肤像冰雪一样洁白
- **习性** 吸风饮露
- **技能** 腾云驾雾，乘驭飞龙，能使万物不受灾害，年年五谷丰登
- **住址** 列姑射山，大海的河州上

列姑射山在大海的河州上。东边第二列山系中就有姑射山、北姑射山、南姑射山，它们合称列姑射山。这里有神仙居住，他的肌肤像冰雪一样洁白，亭亭玉立，就像少女一样迷人。他不吃五谷杂粮，只吸风饮露。他还会腾云驾雾，乘驭飞龙，在四海之外遨游。他的精神凝聚，能使万物不受灾害，年年五谷丰登。

传说，姑射国就在海上，在列姑射山上。在姑射国的西南部，有巍峨的高山环绕。

列姑射山和蓬莱山一样，是传说中的仙山，上面有神仙居住。神仙驾驭飞龙，腾云驾雾，吸食雨露。这件云龙纹玉琮（cōng）表现的即是苍劲飘逸的神龙，游走于缭绕翻腾的云海中，轻灵飘洒的姿态透出一股仙家之气。

大人国人
dà rén guó rén

长得十分高大的人

《大荒东经》

有波谷山者，有大人之国。有大人之市，名曰大人之堂。有一大人踆其上，张其两耳。

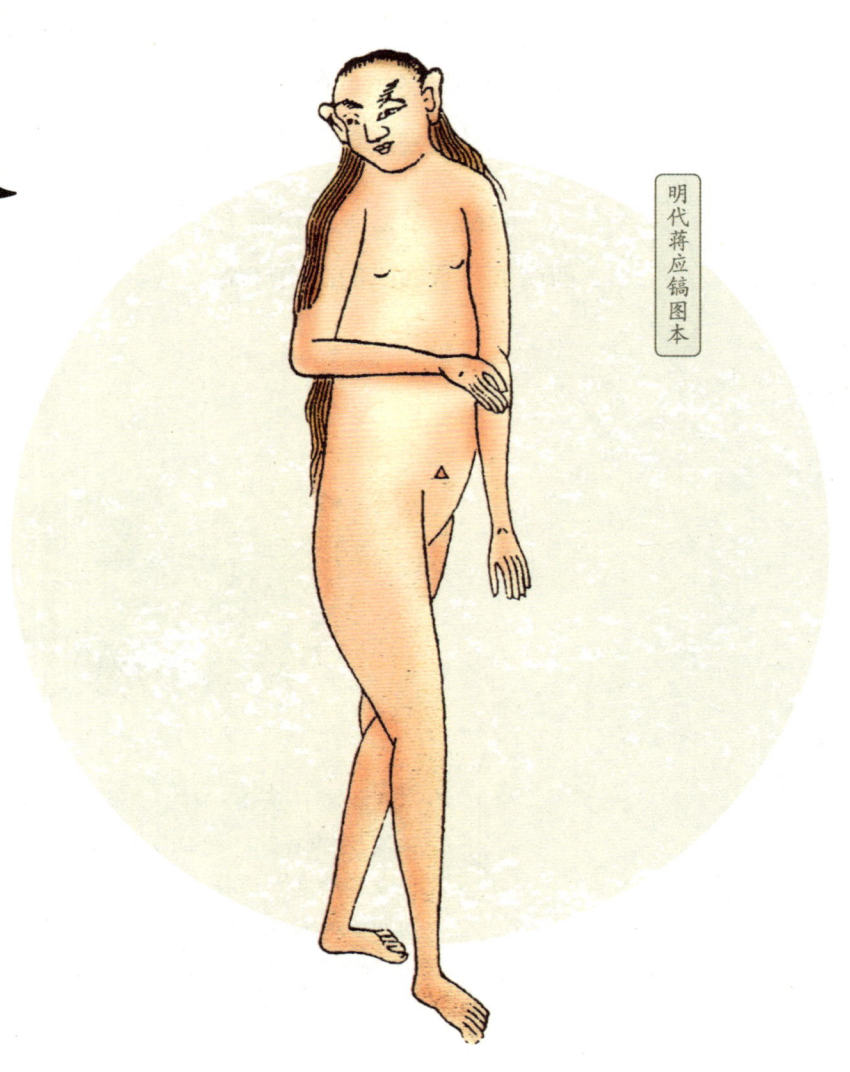

明代蒋应镐图本

形态 人长得十分高大，一步能跨过百里
住址 波谷山，东海以外的大荒中

东海之外的大荒当中，有座山叫作大言山，是太阳和月亮升起的地方。有座波谷山，有个大人国就在这山里。

还有一个叫作大人堂的山，是大人国人做买卖的集市。有一个大人正蹲在上面，张开他的两只手臂。

相传，远古时期的大人国人比现在人们所知道的还要高大。他们的腿也很长，一步能跨过百里。传说，一个大人国人到东海玩耍，他总是把岱舆、员峤（qiáo）这两座山下的巨鳌钓起，玩耍之后把它们背回国去。这就造成岱舆、员峤这两座山不断向北极漂移，最后沉入大海。这两座山上的很多神仙没有了住的地方，不得不迁到别处。天帝知道后，勃然大怒，就将大人国的疆域变小，还把大人国人的身高变矮了。即便如此，伏羲神农时期，大人国的人身高仍然有数十丈。

> 英国作家乔纳森·斯威夫特的《格列佛游记》中，写了格列佛在不同国家的奇怪遭遇，其中就有大人国。大人国的人都有几十米高，身材非常庞大。这个国家是一个理想的、有教化的国家。

小人国人

xiǎo rén guó rén

小矮人

《大荒东经》
有小人国，名靖人。

《大荒南经》
有小人，名曰焦侥之国，几姓，嘉谷是食。

明代蒋应镐图本

又名 靖人、诤人、竫人
形态 身材矮小，只有九寸，长着长头发，脸上还有胡须，身上没有穿衣服
住址 小人国，东海之外的大荒中

扫码听故事

清代汪绂图本

东海之外的大荒中，还有个小人国，那里的人也被称作靖人。和周饶国人一样，这个国家的人身高只有九寸。他们每个人都长着长头发，脸上还有胡须，身上没有穿衣服。他们的身材都比较矮小，类似我们现在所见的侏儒。小人也被叫作诤人、竫人。小人国的人在绘本中，都以一排小人的形象出现，这样越发显得他们身形矮小。

清代吴任臣康熙图本

清代毕沅图本

折丹 zhé dān

主管春风的神

《大荒东经》

大荒之中，有山名曰鞠陵于天、东极、离瞀（mào），日月所出。名曰折丹——东方曰折，来风曰俊——处东极以出入风。

清代汪绂图本

技能 主管春风
住址 大地的东极

在东边的大荒之中，有三座高山，分别叫作鞠陵于天山、东极山、离瞀山，这里也是太阳和月亮升起的地方。有个天神生活在这里，名叫折丹，东方人简称他为折。从东方吹来的风被称作俊风，正月时常刮起东风，是春天来临的预兆，所以人们也称俊风为春月之风。折丹就住在大地的东极，主管俊风的起与停。

《山海经》里提到的四方风神分别是东方风神折丹，住在东极之山，掌管东风"俊"；西方风神石夷，住在大地的西北角，掌管西风"韦"；南方风神因因乎，住在南极，掌管南风"民"；北方风神鹓（yuān），住在大地的东北角，掌管北风"狻（yǎn）"。

王亥 wáng hài

畜牧之神

《大荒东经》

有困民国，勾姓而食。有人曰王亥，两手操鸟，方食其头。王亥托于有易、河伯仆牛。有易杀王亥，取仆牛。

明代蒋应镐图本

技能 擅长养牛、驯牛

王亥是殷族的祖先，他是畜牧之神，擅长养牛。在上古时期，牛的地位非常重要，它既是农民耕地的工具，又是祭祀时必备的祭品。所以养牛、驯牛的神的地位非常高，他们的职责也非常重要。

王亥和他的弟弟王恒喂养了大批的牛羊，并把它们托付给北方的有易和河伯看管。王亥、王恒刚到有易国的时候，受到了有易国国君绵臣的热情招待。酒席间，王亥双手拿着盾跳起舞来，跳得十分精彩，结果，绵臣的妻子竟然爱上了他。在弟弟王恒的掩护下，这两个人在当天晚上就发生了淫乱之事。

最后，这件事情还是被绵臣知道了，他十分震怒，一气之下杀了王亥，并将他大卸八块。《海内北经》中"王子夜尸"的故事，描述的就是王亥被分尸的惨状。后来，王恒向绵臣求饶，得到了牛，当即就返回国中。

殷王上甲微知道王亥被分尸这件事后，举兵讨伐有易。他还要河伯同他一起出征，河伯不得不从。有易国本就是殷国的

清代汪绂图本

清代萧云从《天问图》

诸侯国，再加上国土面积小，所以根本不是殷国的对手。没几天，有易国就被殷王所灭，国君绵臣被杀。这场战争过后，王亥大仇得报，但有易国境内也回到了一片荆棘、原始荒芜的状态。

河伯原来和有易的关系很好，这次不得已帮助殷王征讨有易，他心中不忍，于是就帮助有易国的遗民潜逃。河伯把有易国人变成了一个长着鸟爪的民族，在一个遍地都是禽兽的地方，建立了一个国家，叫作摇民国。据说，摇民平时吃野兽，是秦国人的祖先。古人也认为，帝舜生了戏，戏的后裔就是摇民。

此外，王亥还是信仰鸟的殷民族的先祖，汪绂本中的王亥双手捧着一只鸟，正把鸟头送入口中。

《天问图》生动地描绘了王亥养牛的故事。传说王亥能舞精彩的双盾，并因此博得北方有易之妻的爱慕，《天问图》中也有描绘。

清代萧云从《天问图》

后羿 hòu yì

射下太阳的英雄

《海内经》

帝俊赐羿彤弓素矰（zēng），以扶下国，羿是始去恤下地之百艰。

技能 擅长射箭

扫码听故事

最早的时候，天上有十个太阳，这十个太阳原本应该轮流出现在天空，每次只出现一个。但是他们非常淘气，常常不愿意遵守规矩。有时他们就在暗中商量好，一起飞出来，散落在广阔的天空中。他们这样胡作非为，帝俊和羲和也拿他们没有办法。从此，大地被十个太阳炙烤着，庄稼全都枯死了，森林也燃烧起来，原来住在森林里的各种凶禽、怪兽，都出来危害百姓。百姓对这十个太阳怨恨到了极点。

帝俊身为天帝，面对这种情况不能不管，他也觉得太阳们确实应该受到惩罚。于是，天帝派了一个擅长射箭的天神到人间，顺便警告他的孩子，让他们恪尽职守。

后羿领了帝俊的命令，带着他的妻子嫦娥辞别天庭。后羿到人间后，在尧的王城里见到了尧帝，他正为旱灾而发愁。尧帝听说后羿就是天帝派遣到人间的天神，专门为民除害，不禁大喜过望。起初，后羿只是跟十个太阳讲道理，哪知道这些天帝之子骄纵惯了，根本不服管教，反而在众目睽睽下，嘲笑后羿。后羿勃然大怒，他走到广场中央，搭起弓箭，对准天空中的一个太阳，"嗖"的一箭射了出去。只见天空中一团火球爆炸了，飞下来好多火苗。同时，很多金色羽毛随之飘散，一只极大的三足鸟从空中坠下，落在海上。再看天上，就只剩下九个太阳了，空气也似乎凉爽了些。

后羿余怒未消，于是再次拉弓，接二连三地向着天空中射去。太阳在天空中东一个西一个地掉了下来。

人们的欢呼声响彻了大地，后羿射得正起劲，站在土坛上的帝尧忽然想起，其实太阳对人类也有大功，不能全都射下来，急忙命人悄悄地从后羿的箭袋里抽出了一支箭。后羿射完九支箭后停了下来，天空中还保留了一个太阳，地面上的人们也都觉得不那么热了。

后羿指着天上最后一个太阳说道："从今往后，你每天都要很勤劳，白天出来，晚上休息，为大地送来光明，不得出现纰漏，否则小心我的弓箭！"最后一个太阳也领教了后羿的厉害，只能满口答应。从此，太阳就真正兢兢业业，运行不息了。后羿射下太阳后，又为人们除掉了凶禽怪兽，从此天下太平，人民安居乐业。

> 传说，九个太阳被射下之后堆在一起，变成了海中的沃燋（zhuó）。它位于扶桑树的东边，形状像石头，方圆达四万里，四面的海水都往这边涌。因为沃燋是九个太阳所化，所以温度极高，海水浇到上面，立即就蒸发了。所以大江大河虽然向东注入大海，但海水从不溢出。

三身国人
sān shēn guó rén

有三个身子的人

《海外西经》

三身国在夏后启北，一首而三身。

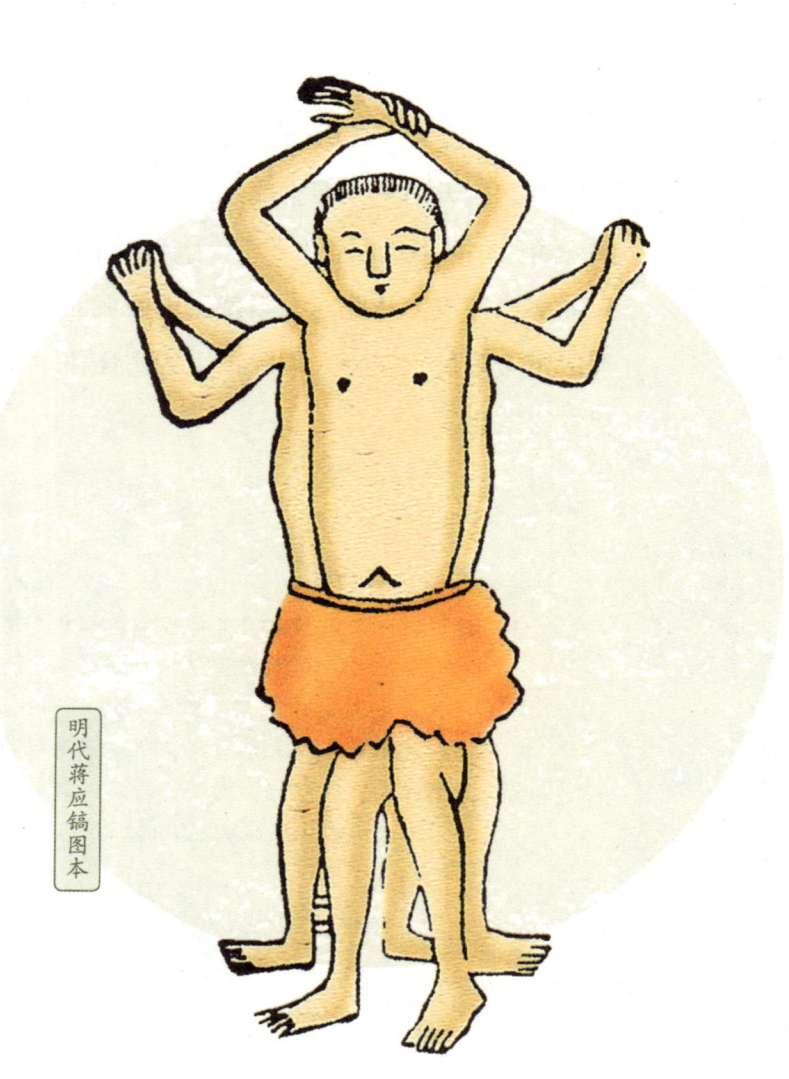

明代蒋应镐图本

形态 长着三个身子
习性 吃黄米
技能 能够用火，能驯化、驱使虎、豹、熊、罴四种野兽
住址 不庭山

在大荒之中，有座不庭山，荣水最终流到这座山下。这里住着一种人，他们长着三个身子，他们所建立的国家叫三身国。帝俊的妻子叫娥皇，这三身国的人就是他们的后代子孙。

三身国人姓姚，他们以黄米为食，已经能够用火，并且能驯化、驱使虎、豹、熊、罴四种野兽。不庭山下有一个四方形的深渊，深渊的四个角有水相连，北边和黑水相连，南边和大荒相通。北侧的深渊叫少和渊，南侧的深渊叫从渊，是帝舜洗浴的地方。

清代吴任臣康熙图本

清代吴任臣近文堂图本

明代蒋应镐图本

162　陪孩子读《山海经》· 异人篇

清代郝懿行图本

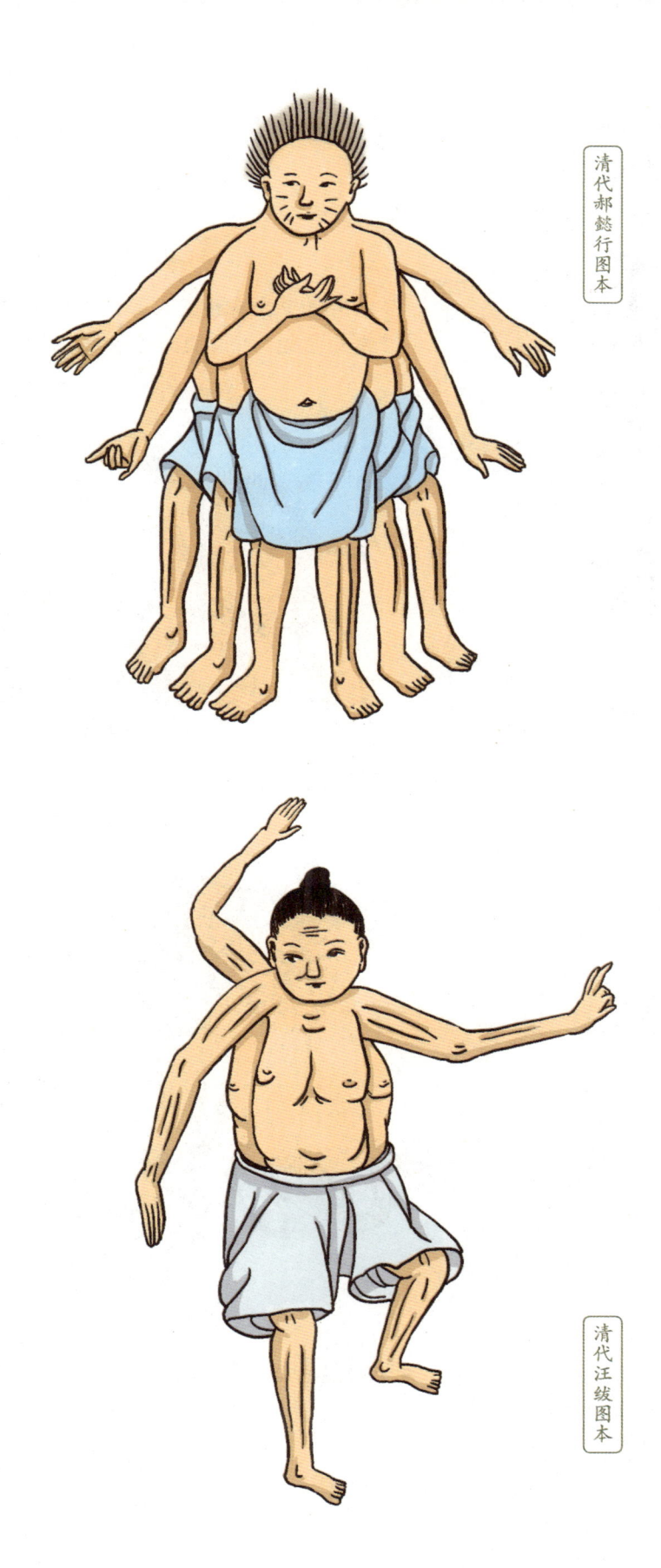

清代汪绂图本

不廷胡余
bù tíng hú yú

吃黄米的于姓人

《大荒南经》

南海渚中，有神，人面，珥两青蛇，践两赤蛇，曰不廷胡余。

明代蒋应镐图本

形态 身材高大，人面鸟身，耳朵上戴着蛇，脚下踩着蛇，双手握拳，威武地站在山海之上

住址 南海的岛屿上

在南海的岛屿上，住着一位天神，他身材高大，长着人的面孔，耳朵上穿挂着两条青蛇，脚底下踩踏着两条红蛇。他双手握拳，威武地站在山海之上，四周还有祥云环绕。这位天神名叫不廷胡余，是南海渚中的海神。那四条蛇正是海神的标志，同时也是他作法的工具。

《山海经》中出现的四海之神分别是：东海之神禺䝞，南海之神不廷胡余，西海之神弇（yǎn）兹，北海之神禺彊。这四神的形象大同小异，大都是人面鸟身，耳朵上戴着蛇，脚下踩着蛇。

清代汪绂图本

蜮民国人
经常射杀毒物的人

yù mín guó rén

《大荒南经》

有蜮（yù）山者，有蜮民之国，桑姓，食黍，射蜮是食。有人方扞（hàn）弓射黄蛇，名曰蜮人。

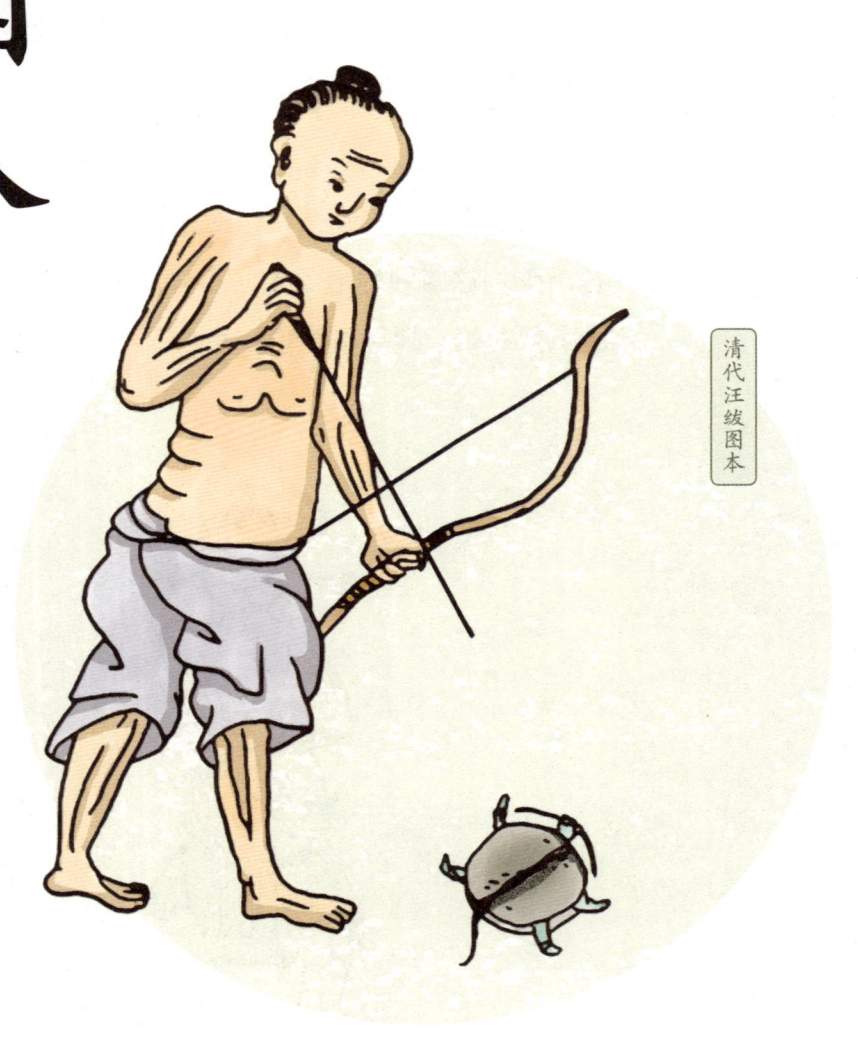

清代汪绂图本

习性 吃黄米和蜮
技能 射杀蜮、黄蛇
住址 蜮山蜮民国

在蜮山中有个蜮民国,这里的人姓桑,吃黄米和蜮。他们擅长射杀蜮,所以又被称为蜮人。

蜮又名短狐、射工、水弩,是一种毒性很强的虫,生长在江南的山溪中。它的样子和鳖类似,有三只脚,体长约两寸。它的嘴巴里长有弩形器官,能够喷射出毒气,被射中的人,轻则生疮,重则致死,人们往往将它和鬼相提并论。而蜮民国的人不但不怕蜮,还总是吃蜮。蜮民国人还经常射杀黄蛇,他们能杀死这些有剧毒的动物,可见个个都身怀绝技。

> 在神话传说中,蜮是一种在水里暗中害人的怪物。它会口含沙粒射人或射人的影子,如果有人被射中,他就要生疮,即使是被射中影子,人也要生病。

祖状尸

zǔ zhuàng shī

长着虎尾的天神尸体

《大荒南经》

有人方齿虎尾,名曰祖状之尸。

明代蒋应镐图本

形态 牙齿是方形的,身后还长着一条老虎的尾巴
技能 跑得很快,能捕杀老虎等猛兽

有个神人名叫祖状尸，他的牙齿是方形的，身后还长着一条老虎的尾巴，他是人虎同体的天神祖状被杀之后的样子。他的灵魂始终没有死，以尸体的状态继续活动。相传天神祖状生前经常吃老虎肉，所以他应该跑得很快，能捕杀老虎等猛兽。

清代汪绂图本

骥头国人

huān tóu guó rén

长着翅膀却不会飞的人

《大荒南经》

大荒之中，有人名曰骥头。鲧（gǔn）妻士敬，士敬子曰炎融，生骥头。骥头人面鸟喙，有翼，食海中鱼，杖翼而行。维宜芑（qǐ）苣，穋（lù）杨是食。有骥头之国。

明代蒋应镐图本

形态 长着鸟嘴，还有一对鸟一样的翅膀
习性 把翅膀当拐杖使用
技能 擅长在海上捕鱼，把芑苣等蔬菜谷物和杨树叶当食物
住址 骥头国

有一种人，他们长着鸟的嘴，还生有翅膀，擅长在海上捕鱼。他们住在大荒之中，名叫䖺头国人。

鲧的妻子名叫士敬，士敬生了一个儿子名叫炎融，炎融生了儿子䖺头。䖺头人面人身，却长着鸟嘴，还有一对鸟一样的翅膀，他在海中捕鱼为生。他虽生有翅膀，却不会飞，只能把它当拐杖使用，走路的时候也扶着翅膀。除吃鱼外，他也把苣苣等蔬菜谷物和杨树叶当食物。䖺头的后代繁衍生息，于是有䖺头国。

传说，远古时代，东海边上有个叫张弘的人在海边捕鱼，这时，海边来了一个长着䖺头的老人请他把自己摆渡过河。张弘见是䖺头国的老者并不理他，老者承诺他只要他摆渡就帮他一起捕鱼。只见䖺头老人的手指一指，一条大鱼就落入张弘的网里。张弘看到这个情景，起了贪念，说："让我摆渡不难，除非我的船里装满了鱼。"䖺头老者说："那你说话可要算数。"老者把手往船舱里一指，船里就装满了活蹦乱跳的小梅鱼。张弘还是不肯摆渡，说："小鱼不值钱，除非你把小梅鱼变成大黄鱼。"䖺头老者因为有急事，不得不依从张弘。但小梅鱼变成大黄鱼之后，张弘还不满足，要求老者教他变鱼的法术，还举起木浆威胁老者。䖺头老者说："你太贪心了，你这样的人能发财，除非鱼闭眼！"说着，他拍拍张弘的脑袋，离开了。这䖺头老者是人身鸟嘴的炎融，他是天上的神，鱼儿当然听他的话。从此，鱼儿果真不闭眼了。

太阳之母 羲和
xī hé

清代汪绂图本

《大荒东经》

东南海之外，甘水之间，有羲和之国。
有女子名曰羲和，方日浴于甘渊。羲和者，帝俊之妻，生十日。

《海外东经》

下有汤谷。汤谷上有扶桑，十日所浴，在黑齿北。

习性　常在甘渊中给她的儿子洗澡
住址　东海之外，甘水之间

扫码听故事

在东海之外，甘水之间，有个羲和之国。这里有个女子名叫羲和，她常常在甘渊中给她的儿子洗澡。甘渊就是汤谷。羲和是帝俊的妻子，她为帝俊生了十个太阳。

帝俊有三个妻子：一是生了十个太阳的羲和；二是生了十二个月亮，并给月亮洗澡的常羲；三是生了三身国人的娥皇。

羲和是十个太阳的母亲，十个太阳居住在东方海外的汤谷，谷中海水翻滚，十个太阳便在水中洗浴。汤谷边上有一棵扶桑神树，树高数千丈，是十个太阳睡觉的地方。其中，九个太阳住在下面的枝条上，一个太阳住在上面的枝条上。兄弟十个轮流出现在天空，一个回来了，另一个才去照耀人间，每天出行都由他们的母亲羲和驾着车子接送。

羲和每日为儿子套好龙车。龙车拉着太阳晨明时分从曲阿出发，黄昏时分来到蒙谷，然后又赶往汤谷，帮孩子洗去一天的风尘，然后迎接第二个当班的太阳。所以虽然太阳有十个，可是人们平时见到的却只有一个。

《尚书·尧典》中记载："乃命羲和，钦若昊天，历象日月星辰，敬授人时。"这就是说，羲和被指派密切注视着时日的循环，测定日月星辰的运行规律，给大家制订出计算时间的历法。

羲和把握时间的节奏，驱使太阳前进，所以在上古时期，羲和就是制订时历的人，也是"太阳之神"。

> 羲和部落的遗址位于山东省日照市汤谷太阳文化源旅游风景区内的天台山上，这里留有太阳神石、太阳神陵、老母庙、老祖像、观测天文的石质日晷（guǐ）、祭祀台、石椅、石磨、积石冢等，出土过石斧、石锛（bēn）、石铲、石箭头等器物。

菌 jūn 人 rén

穿红衣戴圆帽的小矮人

《大荒南经》

有小人,名曰菌人。

清代汪绂图本

形态 长不过一寸,身穿红衣,戴圆帽,乘坐白色的车马
功效 吃了菌人的肉后,终年不会被虫子叮咬,能知道万事万物的名字,还能杀死肚子里的三种虫子
住址 盖犹山附近

在盖犹山附近有一种十分矮小的人,名叫菌人。传说,他们长不过一寸,身穿红衣,戴圆帽,乘坐白色的车马,很有威仪。人们如果遇到他们,可以把他们抓住吃掉。虽然他们的味道有些辛辣,但是吃了对人体有很多好处。吃了菌人的肉后,终年不会被虫子叮咬,还能知道万事万物的名字。此外,吃了菌人的肉,还能杀死肚子里的三种虫子。这三种虫子被杀死之后,人就可以服食仙药成仙了。

> 很多文学作品及古代传说中都有小矮人,如《格列佛游记》里就有小人国,日耳曼人的史诗《尼伯龙根之歌》里有侏儒族,安第斯山的印加人也有小人国的传说,日本北海道原住民神话里有叶下小人。他们的形象都是小矮人。

盐长国人

yán cháng guó rén

长着鸟头的人

《海内经》

有盐长之国。有人焉鸟首,名曰鸟氏。

明代蒋应镐图本

形态 鸟头、长喙、圆眼
住址 盐长国

176　陪孩子读《山海经》·异人篇

南海之内有一个盐长国，这个国家里的人都长着一个鸟头，长喙圆眼，人们称他们为鸟民或鸟氏。鸟氏就是古书中所记载的鸟夷，一个东方的原始部落，其人皆为鸟首人身。传说这种人鸟合体的形象，属于以鸟为信仰的部族。帝颛顼的后裔大费有两个儿子，一个是大廉，一个是若木。大廉就是鸟民的祖先。

> 太昊、少昊为同族，都以鸟为图腾。在历史记载中，少昊是寿光一带的己姓之族，在中国古籍中，宿沙氏是中国历史上海盐技术的发明者和传承者，传说他是太昊、少昊的后裔有宿。被评为2008年中国十大考古发现的"双王城商周时期盐业生产遗址"的发现，证明寿光是中国海盐生产技术的发源地。这项技术在寿光一带由太昊、少昊氏族人后裔发明之后逐渐沿渤海沿岸传播，直到海岸。

赣巨人

gàn jù rén

身上长毛的黑人

《海内经》

南方有赣巨人，人面长臂，黑身有毛，反踵，见人则笑，唇蔽其面，因可逃也。

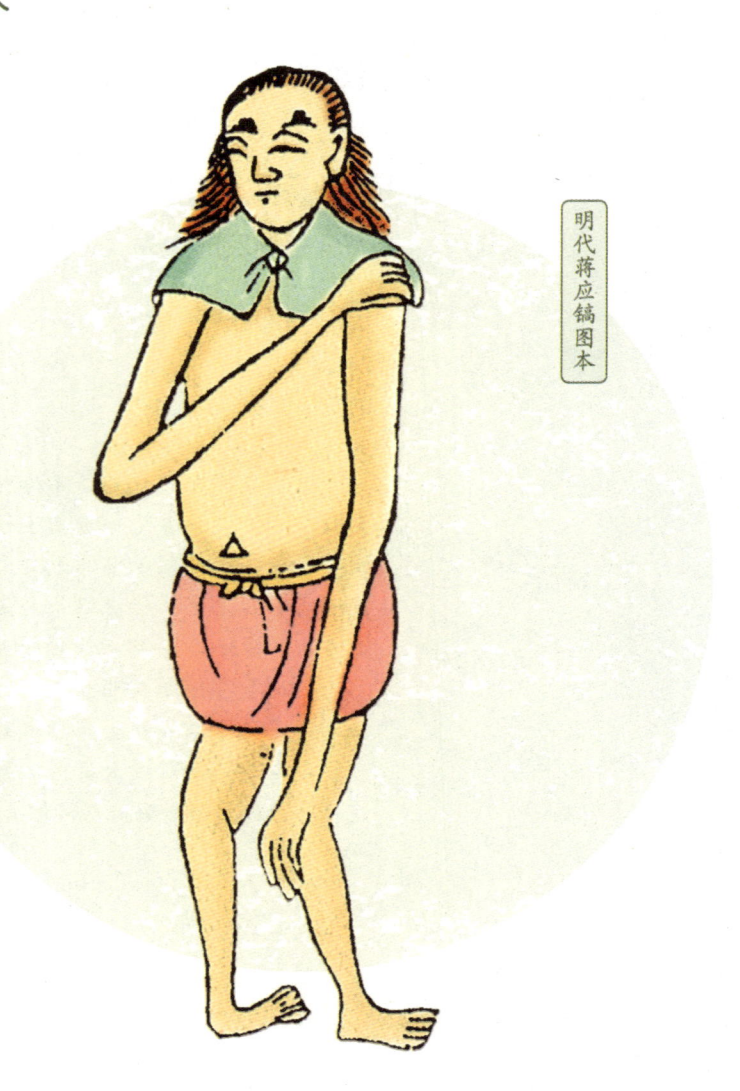

明代蒋应镐图本

形态 人面，嘴唇长长的，黑黑的身上长满了毛，脚尖朝后而脚跟朝前反长着
爱好 发笑
住址 南方

南方有一种赣巨人，长着人的面孔而嘴唇长长的，黑黑的身上长满了毛，脚尖朝后而脚跟朝前反长着，看见人就发笑，一发笑，嘴唇便会遮住他的脸面，人就可以趁机立即逃走。

尽管赣巨人的名字传扬至今，他们的生活习俗偶见端倪，但赣巨人依然是个谜。他们终年奔跑于深山大谷，栖息于河流两岸，但他们也善于隐身在赣南十万大山中，极少露面，人类在不停地发展，他们却始终与世隔绝。

> 晋朝时郭璞在为《山海经》做注时，对赣巨人的活动地点进行了确切的记录：当时的交州南康郡深山中有这种人。他们有一丈高，脚跟是反向的，健走、披发、好笑。南康郡有赣水，因为这个地方有这种人，就以水命名，称为赣巨人。

黑人 hēi rén

虎头人

《海内经》

又有黑人，虎首鸟足，两手持蛇，方啖（dàn）之。

明代蒋应镐图本

形态 虎头、鸟爪，手里拿着蛇
习性 吃毒蛇
住址 南方

黑人长着老虎一样的脑袋、禽鸟一样的爪子。他们两只手都拿着蛇，并以毒蛇为食。

黑人是居住在南方的一个开化比较晚的古代部族或种群，持蛇吞蛇是他们的信仰和重要标志。也有人认为，黑人具有虎首鸟足、吃蛇的特点，说明他们可能是用虎皮和鸡爪装扮起来的巫师或神灵。

明代胡文焕图本

相顾之尸

xiāng gù zhī shī

戴着刑具的尸体

> 《海内经》
> 北海之内，有反缚盗械、带戈常倍之佐，名曰相顾之尸。

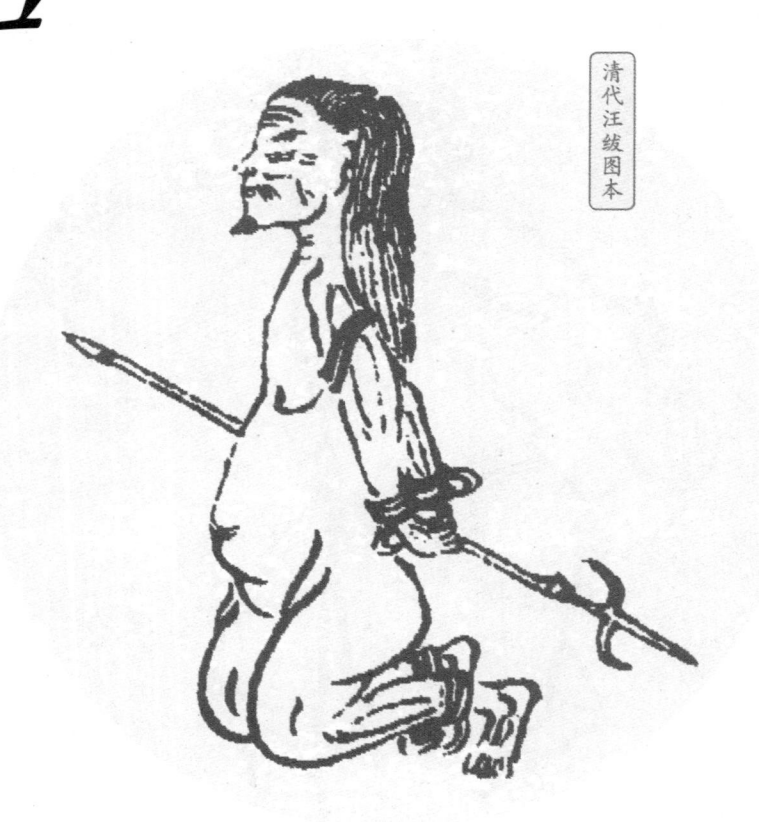

清代汪绂图本

形态 双手被反绑着，戴着刑具和戈
住址 北海

在北海，有一个双手被反绑着、戴着刑具和戈的人，名叫相顾之尸。他和贰负、危一样，是因犯错误而被杀的。虽然他的肉体已经死了，但他的灵魂没有死，所以他仍然以尸体的形态继续活动。

> 《山海经》里的尸，像刑天、女丑尸、奢比尸、王子夜尸、夏耕尸等，虽然数量不多，但给人留下的印象十分深刻，这些尸都是由于某种精神力量而继续存在的。

钉灵国人
dīng líng guó rén

马蹄人

《海内经》

有钉灵之国，其民从膝以下有毛，马蹄，善走。

明代蒋应镐图本

形态 自膝盖以下的腿部都长毛，脚的样子酷似马蹄
技能 能像马一样飞奔，跑得飞快，一日可行三百里
住址 钉灵国

钉灵国，也叫丁灵国、丁令国或马胫国。这个国家里的人自膝盖以下的腿部都长毛，脚的样子酷似马的蹄子。他们不骑马，却跑得比马还快。传说他们用鞭子抽打自己的脚，便能像马一样飞奔，跑得飞快，一日可行三百里。

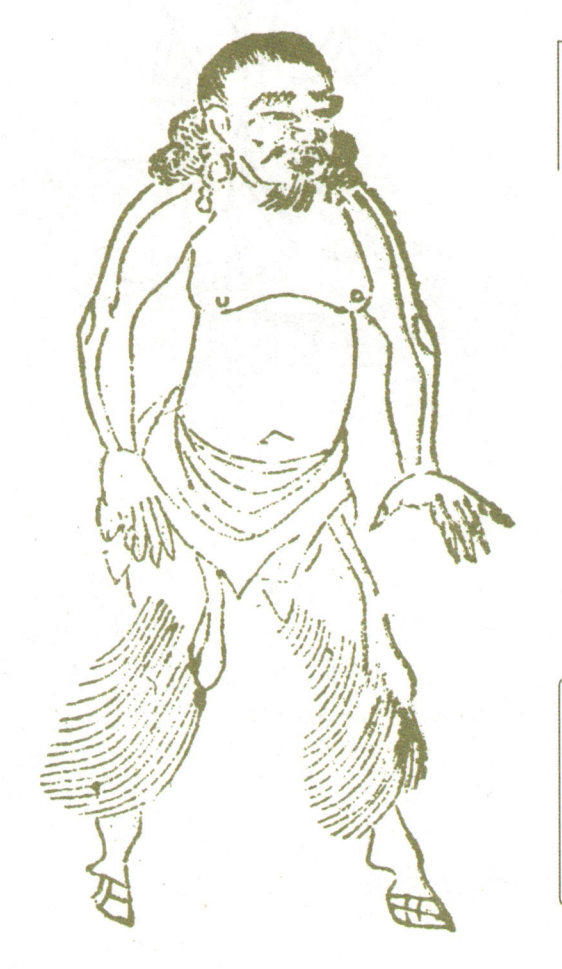

钉灵在《魏略·西戎传》称作"丁令"。"钉灵国"的分布方位在"北海之内"，丁令族商周时期就有，后迁移到西伯利亚及贝加尔湖地区。

清代吴任臣乾隆图本

女魃 nǚ bá

旱精

清代汪绂图本

《大荒北经》

有人衣青衣，名曰黄帝女魃。蚩尤作兵伐黄帝，黄帝乃令应龙攻之冀州之野；应龙蓄水，蚩尤请风伯、雨师，纵大风雨。黄帝乃下天女曰魃，雨止，遂杀蚩尤。魃不得复上，所居不雨。叔均言之帝，后置之赤水之北。叔均乃为田祖。魃时亡之。所欲逐之者，令曰："神北行！"先除水道，决通沟渎。

今名 旱精
技能 身体很炎热，不管有多少水，她都能烤干
住址 赤水以北

黄帝和蚩尤大战，好几个回合之后，也没有分出胜负。在激战的过程中，黄帝唤来他的千年应龙，希望它能发水淹死蚩尤的部众。谁知蚩尤请来了风伯、雨师，掀起了一场狂风暴雨，淹死了不少黄帝的部下。

黄帝无奈，只好请来自己的女儿女魃。女魃就是旱精，她的身体很炎热，不管有多少水，她都能烤干。女魃上阵后，暴风骤雨顿时无影无踪，地表马上就烘干了。看到这种情况，蚩尤的部下个个心神不定，就在这个时候，应龙率领黄帝的军队前去厮杀。结果，蚩尤大败，他的几个兄弟也死了。

虽然女魃在作战中立了功，但她所在的地方从来不下雨，百姓都十分痛恨她。当时主持耕种的神仙叫叔均，他向黄帝反映了这一情况。黄帝便下令把女魃安置在赤水之北，并让她不要乱跑。但女魃很不安分，经常逃跑。百姓只好举行逐旱魃的活动，希望可以喜得甘霖。在逐旱魃之前，百姓会先疏通水道和沟渠，然后向她祈祷说："神啊，回到赤水以北你的老家去吧！"

蚩尤依仗自己的蛮力，几次挫败了炎帝的部落，却在最关键的涿鹿一战中落败，被黄帝斩下了首级。这把商代青铜钺就是用于斩首的刑具，表面布满铜绿，上面饰有商代典型的饕餮纹，钺（yuè）刃至今仍十分锋利。

清代《吴友如画宝》

清代汪绂图本

女娲之肠

nǚ wā zhī cháng

肠子化生的十个神人

《大荒西经》

有神十人,名曰女娲之肠,化为神,处栗广之野,横道而处。

清代汪绂图本

住址 栗广原野

在一个名叫栗广的原野上有十个神人,名叫女娲之肠,他们是由女娲的肠子化生的。

天神华胥生的儿子名叫伏羲,生的女儿名叫女娲。伏羲身上覆盖着鳞片,女娲身体长得像蛇。女娲神通广大,一天之内就能够变化七十次。

当时天地刚刚开辟,还没有人。于是,女娲手捧泥土,根据自己的形象捏出了一个泥人。后来,女娲觉得有些疲倦,就用一根绳子蘸了泥,在空中挥洒,落到地上的泥点,就变成了人。

某天,半边天空塌了下来,出现了许多窟窿,洪水从天空倾泻下来,大地变成了海洋,民不聊生。女娲看到自己的孩子遭受这么大的灾难,决定亲自动手,修补残破的天空。她在大江大河里拣选了许多五彩石子,架起了火,将这些石子熔炼成胶糊,再飞到天上用胶糊把窟窿填补好。她担心天空再次坍塌,又杀了一只巨鳌,斩下它的四只脚,当作天柱,把天支起来。从此,人们再也不用担心天会塌了。

冀州有一条凶恶的黑龙,兴风作浪。女娲去杀了这条黑龙,同时赶走了各种恶禽猛兽,使人类不再受禽兽的残害。女娲又把河边的芦苇烧成灰,堆积起来,堵住了滔天的洪水,同时还造出了很多供人们居住的陆地。

从此,人类又恢复了他们平静的生活。女娲做完这一切,终于休息了。她的身体也分化孕育,其中,她的一根肠子就化成了十个神人。

太子长琴
最古老的音乐家

tài zǐ cháng qín

《大荒西经》

有榣山，其上有人，号曰太子长琴。颛顼生老童，老童生祝融，祝融生太子长琴，是处榣山，始作乐风。

清代汪绂图本

技能 创作乐曲
住址 榣山

北狄国附近有芒山、桂山，还有榣山。榣山上有一个神人，叫作太子长琴。颛顼生了老童，老童生了祝融，祝融生了太子长琴。太子长琴居住在榣山上，擅长创作乐曲，从此音乐流传于人世间。太子长琴出生的时候，怀里抱着一把小琴，天地都为他的出生而欢唱。

关于音乐的起源，也有很多种传说，如太子长琴创作乐曲，音乐之风盛行之说等。这件曾侯乙墓出土的十弦琴，与同属战国初期的五弦琴及七弦琴，都记载了先秦古琴相当长的发展历史。

十巫

shí wū

既是巫师也是医师

《大荒西经》

有灵山，巫咸、巫即、巫盼（fén）、巫彭、巫姑、巫真、巫礼、巫抵、巫谢、巫罗十巫，从此升降，百药爰在。

清代汪绂图本

技能　占卜、医术、制盐
住址　灵山

有一座灵山，山上有巫咸、巫即等十个巫师，他们通过这座山往返于天地之间，让人界与仙界能够沟通。山上还长有各种各样的草药，巫师们经常在山上采药，治病救人。可以说灵山上孕育了最早的巫文化。

在巴渝，巫文化在古文化中占有重要地位，灵山十巫就是其中最具代表性的。灵山，其实就是巫山。灵山十巫，包括巫咸、巫即、巫肦、巫彭、巫姑、巫真、巫礼、巫抵、巫谢、巫罗这十位巫师。其中，巫咸既是古代有名的占卜师，也是非常有名的医师，还有人认为他是擅长制盐的工匠。巫彭也是集占卜师和医师身份于一体的巫师。这两个巫师在后世都很有名，在其他典籍中也有记载。

除此之外，巫肦、巫谢、巫真是后来巫㦸部族和巴子五姓的先祖，巫罗是后世的巴郡七姓之首——罗姓的远祖。可见，灵山十巫中，大都是既能上天入地与鬼神沟通，又能身兼神医的职责，还有的是某些部族的祖先。他们作为巫师，实际上就是天神和人之间沟通的桥梁，在当时的社会中，地位很高。

噓 xū

掌管日月星辰次序的神人

明代蒋应镐图本

《大荒西经》

大荒之中，有山名曰日月山，天枢也。吴姖（jù）天门，日月所入。有神，人面无臂，两足反属于头上，名曰噓。

形态 外形像人，却没有胳膊，两只脚反转着架在头上

技能 掌管着太阳、月亮和星辰运行的先后次序

住址 吴姖天门山

大荒之中，有座山叫日月山，这座山的主峰叫吴姖天门山，是太阳和月亮降落的地方。山上有一个神人，名字叫嘘。他的外形像人，却没有胳膊，两只脚反转着架在头上。

颛顼生了老童，老童生了南正重和火正黎。颛顼命令南正重托着天，用力往上顶；又命令火正黎撑着地，使劲朝下按，于是天地彻底分开了。

在少昊后期，国势衰微，人和神混合而居，十分混乱。这种情况下，颛顼接管了权力。天地分开之后，他下令神仙居住在天上，由南正重主管；百姓居住在地上，由火正黎主管。从此，天地恢复了原来的秩序，再也没有混乱的情况了。火正黎来到地上，生了噎，噎就是怪神嘘，他住在大地的最西端，掌管着太阳、月亮和星辰运行的先后次序。

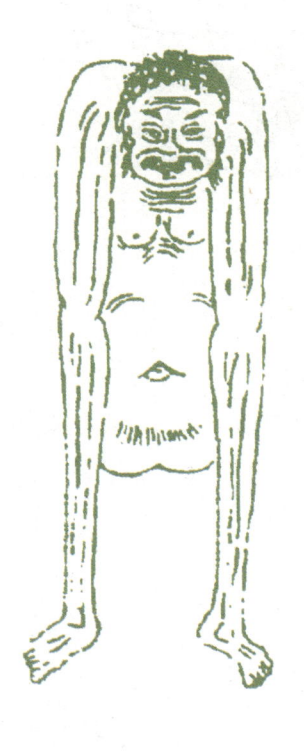

清代汪绂图本

常羲

cháng xī

月亮的妈妈

《大荒西经》

有女子方浴月。帝俊妻常羲，生月十有二，此始浴之。

清代汪绂图本

住址 吴姖（jù）天门山

有个女子每天都替月亮洗澡，她就是帝俊的妻子常羲。传说，当年常羲经过十二个月的怀胎，一次生下了十二个姑娘。她们长得一模一样，每人都有一张饱满圆润而又洁净明亮的脸。每到夜晚，她们的脸就会放出格外明亮的银色光辉。

有一次，她们姐妹十二人偷偷来到人间玩耍，被人间的美景迷住了。广袤的草原、茂密的森林、奔涌的江河、蔚蓝的大海、巍峨的高山、馥郁的鲜花，这是她们在天上从不曾看到过的迷人景象。

当她们玩得高兴的时候，她们同父异母的哥哥——太阳，结束了一天的工作，黑暗笼罩了大地。这时，她们发现，夜晚的人间一片漆黑，变得恐怖起来。于是，姐妹们便坐下来商量，决定像哥哥一样工作，把光辉洒向大地，驱走夜晚的黑暗，使人们不至于迷乱、恐惧。

母亲常羲非常赞同她们的想法，她知道自己的女儿们有纯洁的心灵和高尚的品格。于是，她安排十二个姑娘在夜晚轮流升上天空，每人一个月，十二人轮一遍，刚好是一年。从此，夜晚的天空因月亮姑娘的出现而变得皎洁明朗，大地上的人们欣喜若狂，欢呼雀跃。黑暗也被迫收回了它恐怖的翅膀，夜空由此变得格外美好明亮。

从此，常羲每天给女儿洗浴打扮后，她就亲自带着一个女儿，坐着九凤拉的月亮车，在夜空中巡行，为人类工作。因月亮比较害羞，所以每天出现在天空中的打扮都不太一样。

寿麻国人

无影人

shòu má guó rén

《大荒西经》

有寿麻之国。南岳娶州山女，名曰女虔。女虔生季格，季格生寿麻。寿麻正立无景，疾呼无响。爰有大暑，不可以往。

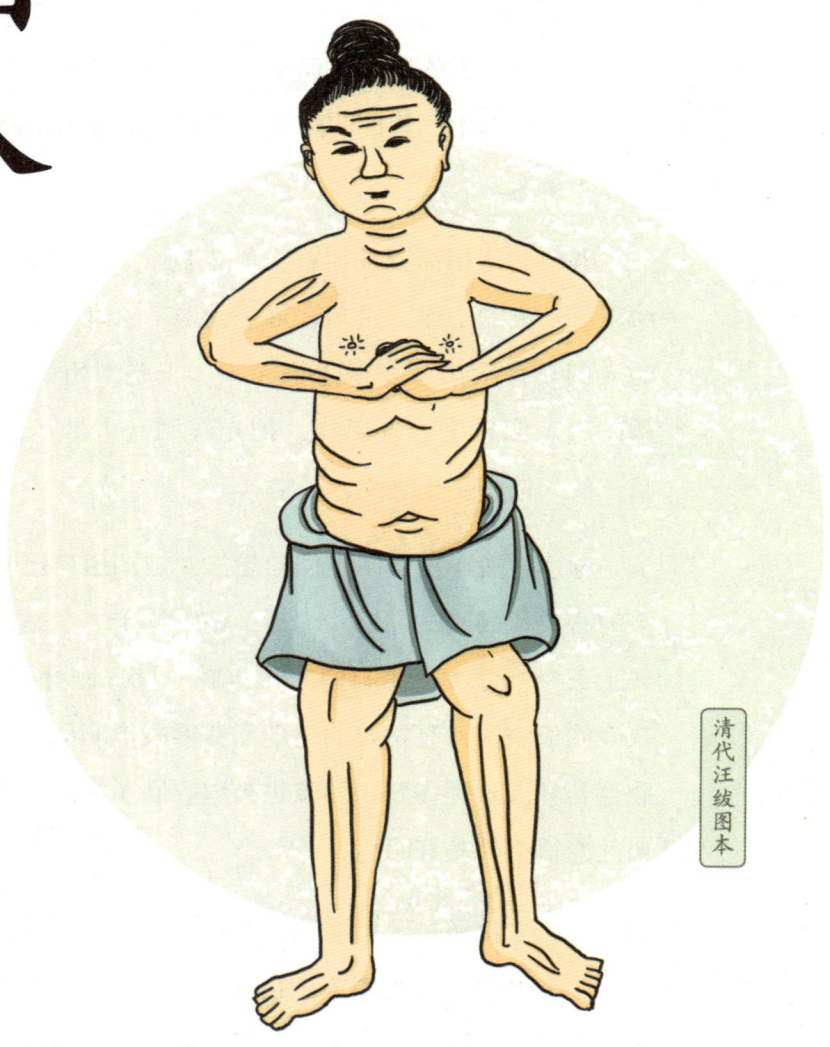

清代汪绂图本

形态 脚下没有影子
住址 寿麻国

南岳娶了州山的女儿女虔为妻，女虔生了季格，季格生了寿麻，他的后代形成了一个国家叫寿麻国。这个国家的人都是仙人，他们站在太阳下，却看不见自己的影子；他们就算高声呼喊，四面八方也听不见一点回响。

寿麻国天气非常炎热，而且没有水源，普通人不可以前往。寿麻国人的祖先并不是本地人，他们原来生活在南极。寿麻在世时，有一天，他们居住的地方突然发生了地震，陆地渐渐沉没下去。寿麻及时做出决定，率领妻儿、族人、邻里，乘坐木船一路向北逃去，发现了一个适合居住的地方，就驻扎下来。这里气候虽然恶劣，但是保住了性命，也算是不幸中的大幸。

几年后，他们派人再去原来居住的地方，发现那片陆地已不知去向，原来的其他族人也不知道是生是死，他们猜测应该是随着陆地一起沉没了。大家非常感激寿麻的救命之恩，于是拥立他做君主，把国名改为寿麻国。

> 寿麻国人脚下没有影子，这一现象很可能是对南北回归线内热带地区景象的描写。因为麻寿国地处西荒，而且天气炎热，所以它可能在中亚腹地沙漠一带，因为被太阳直射，所以他们脚下不见人影。

夏耕尸

xià gēng shī

无头尸体

《大荒西经》

有人无首，操戈盾立，名曰夏耕之尸。故成汤伐夏桀于章山。克之，斩耕厥前。耕既立，无首，走厥咎，乃降于巫山。

明代蒋应镐图本

形态 没有头，一手拿戟，一手拿盾牌
住址 巫山

有个人没了脑袋，却还一手操戚、一手持盾牌站立在山上，这就是夏耕尸。夏耕是夏朝最后一个君主桀手下的一员大将，当年成汤在章山讨伐夏桀，夏耕冲在最前头。成汤亲手斩下夏耕的头。虽然他的头被斩了，但他的灵魂没有死，身体也没有立刻倒下去，而是继续奔跑。许久之后，他才发觉自己没了脑袋。为了逃避罪责，他流窜到巫山。传说，至今他仍然在那儿。

> 夏耕在形象上与断首的刑天有几分相似。但刑天是"与天帝争神，帝断其首"的不屈英雄。而夏耕是衬托成汤的英雄形象的败将。

清代汪绂图本

三面一臂人

sān miàn yī bì rén

只有一条胳膊的不死人

《大荒西经》

大荒之中,有山名曰大荒之山,日月所入。有人焉,三面,是颛顼之子,三面一臂。三面之人不死。是谓大荒之野。

明代蒋应镐图本

形态 长了三个面孔、一条胳膊
技能 长生不死
住址 大荒之野,大荒山附近

大荒之野有一座山，名叫大荒山，那里是太阳和月亮降落的地方。大荒山附近有一种奇人，他们脑袋的前边、左边和右边各长着一张面孔，但身上却只长了一条胳膊。他们是颛顼的子孙后代，名叫三面一臂人。这种人长生不死，生活在大荒之野中。

清代汪绂图本

图书在版编目（CIP）数据

陪孩子读《山海经》. 异人篇 / 徐客著. -- 南京：江苏凤凰美术出版社, 2019.1（2020.7重印）

ISBN 978-7-5580-5490-7

Ⅰ.①陪… Ⅱ.①徐… Ⅲ.①历史地理 – 中国 – 古代 – 少儿读物 Ⅳ.①K928.631-49

中国版本图书馆CIP数据核字(2018)第260374号

监　　制	黄利　万夏
选题策划	紫图图书ZITO®
责任编辑	王林军　奚鑫
特约编辑	朱彦沛
营销支持	曹莉丽
封面上色	邱妍婷
装帧设计	紫图装帧
责任监印	生嫄

书　　名	陪孩子读《山海经》·异人篇
著　　者	徐客
出版发行	江苏凤凰美术出版社（南京市中央路165号　邮编：210009）
出版社网址	http://www.jsmscbs.com.cn
制版印刷	艺堂印刷（天津）有限公司
开　　本	787mm×1092mm　1/16
总 印 张	44
版　　次	2019年1月第1版　2020年7月第5次印刷
标准书号	ISBN 978-7-5580-5490-7
总 定 价	199.00元（全四册）

营销部电话　025-68155790　营销部地址　南京市中央路165号
江苏凤凰美术出版社图书凡印装错误可向承印厂调换
未经许可，不得以任何方式复制或抄袭本书部分或全部内容
版权所有，侵权必究